Jochen Michels (Hrsg.)

Heiligkeit und Pflichten - eine Auswahl- deutsch

Jochen Michels (Hrsg.)

Heiligkeit und Pflichten - eine Auswahl- deutsch

...markante Texte aus A. J. Le Bouthillier de Rancé's "Sainteté et Devoirs de la Vie..." nach Themen zusammengestellt

Fromm Verlag

Impressum / Imprint
Bibliografische Information der Deutschen Nationalbibliothek: Die Deutsche Nationalbibliothek verzeichnet diese Publikation in der Deutschen Nationalbibliografie; detaillierte bibliografische Daten sind im Internet über http://dnb.d-nb.de abrufbar.

Bibliographic information published by the Deutsche Nationalbibliothek: The Deutsche Nationalbibliothek lists this publication in the Deutsche Nationalbibliografie; detailed bibliographic data are available in the Internet at http://dnb.d-nb.de.

Coverbild / Cover image: www.ingimage.com

Verlag / Publisher:
Fromm Verlag
ist ein Imprint der / is a trademark of
OmniScriptum Publishing Group
Contact: ICS Morebooks! Marketing SRL, 4, Industriala street, 3100 Balti, Republic of Moldova
Email: info@omniscriptum.com

Herstellung: siehe letzte Seite /
Printed at: see last page
ISBN: 978-3-8416-0341-8

Armand Jean Le Bouthillier de Rancé, OCSO

Über die Heiligkeit
und
die Pflichten
des Ordenslebens

markante Texte,
nach Themen zusammengestellt

Dieser Band enthält nur die deutsche Übersetzung ohne die Fußnoten.
Leser, die auch die Fußnoten wünschen, können die französische oder die zweisprachige Ausgabe heranziehen.

DE LA SAINTETÉ ET DES DEVOIRS DE LA VIE MONASTIQUE.

Tome I.

Seconde Edition.

A PARIS,
Chez FRANÇOIS MUGUET, Imprimeur du Roy & de M. l'Archevesque, ruë de la Harpe.
MDCLXXXIII.
Avec Approbation & Privilege.

Vorbemerkung

Abt Armand Jean Le Bouthillier de Rancé war der große Reformator der Zisterzienser von der strengeren Observanz, OCSO – der Trappisten, wie sie auch genannt werden.

Heute sagen manche sogar, dass das gesamte abendländische Ordensleben ohne seine Einflüsse schon seit 300 Jahren nicht mehr existieren würde. Dennoch fand eine kurz nach seinem Tod versuchte Heiligsprechung bisher nicht statt. Zu seinem Leben und Wirken gibt es im Französischen und Englischen eine Reihe – meist einseitiger - Publikationen. Erst 1985 hat mit Alban J. Krailsheimer ein überzeugender Autor in sorgfältiger Recherche ein umfassendes Bild dieser bedeutenden Perönlichkeit[1] gezeichnet. Er räumt akribisch auf mit den oft kolportierten Todesfällen, die den Abt in Verruf brachten. Die persönliche Begleitung seiner Mitbrüder bis in den Tod hinein zeigt einen väterlich liebenden Oberen. In Deutschland hat vor allem Sr. Magdalena Aust OCSO sein Wirken in verschiedenen Publikationen gewürdigt.

Besonders bedeutend neben seinem mutigen Wandel in der eigenen Lebensführung sind seine vielen mündlichen und schriftlichen Äußerungen zum Glauben, zum Leben der Ordensleute und zu theologischen Fragen. Als strenger Lehrer ist er selbst nicht

---

[1] Rancè and the Trappist Legacy, Alban J. Krailsheimer, Cistercian Publications Inc. WMU Station Kalamazoo, Mich. 49009, ISBN 0-87907-886-3

DE LA SAINTETÉ ET DES DEVOIRS DE LA VIE MONASTIQUE.

TOME SECOND.

A PARIS,
Chez FRANÇOIS MUGUET, Imprimeur ordinaire du Roy & de Monseigneur l'Archevesque, ruë de la Harpe.

MDCLXXXIII.

Avec Approbation & Privilege.

nur unverdächtig, sondern in höchstem Masse glaubwürdig, hat er doch in seinem persönlichen Leben den radikalen Schritt vom reichen Lebemann zum asketischen Mönch vor aller Augen beispielhaft vollzogen.

Viele seiner - geschätzt - 20.000 Briefe wurden schon früher in Deutsch herausgegeben. Die Anweisungen, mit denen er seine Mitbrüder in ihrem Ordensleben bestärkt und ihnen ihre Pflichten verdeutlicht, finden sich als Predigten, Ermahnungen und Instruktionen, vor allem in dem über 1.000-seitigen Werk „De la Sainteté et des Devoirs da la Vie Monastique“ - SDVM -, das in 23 Kapitel in zwei Bänden gegliedert ist. Darin gibt de Rancé ausführliche Antworten auf konkrete Fragen – ähnlich dem hl. Basilius.

Angeregt wurden wir durch einen deutschen Trappisten-Bruder, auch diese Arbeiten ins Deutsche zu übertragen, da der einzige frühere Versuch[2] eher eine freie und lückenhafte Paraphrase war, die heute kaum noch zu lesen ist

Aus den beiden Ausgaben von 1683 und 1701 wählten Trappistinnen des belgischen Klosters Notre-Dame de Clairefontaine besonders wichtige Texte aus und stellten sie nach Themen zusammen.

---

[2] Des Hochwürdigen und Gottseeligen Im Leben und nach dem Todt wunderthätigen Herrn Armandi Joannis De Rancé, Abbtens und Reformators des Closters U. L. Frauen zu La Trapp Cistercienser Ordens, Welcher den 27. Octobris 1700. heilig verschiden ist, Vortreffliches Werck von der Heiligkeit und denen Pflichten des Clösterlichen Lebens (Augsburg|Augspurg, 1750)

Uns wurden sie in modernem Französisch übermittelt. Daneben ist auch eine komplette Digitalisierung und Übersetzung des ganzen Werkes in Arbeit.

Krailsheimer sagt[3] etwa:..das Buch rechtfertige offensichtlich in erster Linie die Werte und das Leben in La Trappe, richte sich

[3] in Krailsheimer: Seite 89

aber weder ausdrücklich noch implizit nur an Zisterzienser oder etwa die weitere Bendiktiner-Familie, sondern an alle Frauen und Männer, die sich in ihrem Gelübde einem echt monastischen bzw. einsiedlerischen Leben gewidmet haben, weniger an den normalen Klerus oder die tätigen Orden...

Rechte beanspruchen weder die deutschen Trappisten noch eine andere Institution. Die Übersetzung besorgten Willi Reetz und der Herausgeber, ebenso wie die Organisation, Gestaltung und druckfertige Aufbereitung, alles in rein ehrenamtlicher Arbeit. Auf Kostenerstattung oder Honorare wurde verzichtet. Die führenden kath. Verlage und Frau Prof. I. Stampa im Vatikan wurden wegen einer geeigneten Edition vergeblich angefragt. Wir danken dem Verlag, dass er sich zu diesem Projekt bereit fand. Der Antrag auf eine offizielle kirchliche Bewertung der Texte im Bistum Köln wurde bisher nicht beschieden.

Zum Satzbau und zur Interpunktion:

Der Autor de Rancé verwendet in seinen Schriften eine sehr impulsiv-dynamische Sprache, die ahnen lässt, welcher Geist ihn umtrieb und mit welcher Energie er sich damals mitteilte.

Er scheut sich niemals vor einem ungewöhnlich langen und vielfach verschachtelten Satzbau, wenn er Argumente um Argumente aneinander reiht, um seinem Anliegen mit Verve Gewicht zu verleihen.

Aus der Art und Weise seines Ausdruckes ist zu vermuten, dass er sich souverän über jede offizielle französische Sprachregel,

Grammatik, Syntax hinwegsetzte, wenn der Gedankenfluss seine Feder beflügelte. Man versteht nun, dass sein populärstes Bild ihn am Schreibepult in „vollem Schwung“ darstellt.

Auch Punkte, Kommata, Semikola verwendet er, sein Schreiber Maisne oder der Typograf mit kühner Freiheit so, dass man oft den Eindruck hat, hier wurden rednerische oder mündliche Äußerungen protokolliert und dann in voller Originalität zu Papier gebracht. Das macht eine wortgetreue Übersetzung natürlich unmöglich. Und selbst beim Satzbau kommt man nicht ohne den einen oder andern Kompromiss aus.

So mag die Übersetzung manchmal holperig klingen, denn wenn wir vor der Wahl standen:

- wort-, satz- und sinngetreu oder
- flüssig in aktuellem Deutsch,

so haben wir uns meist für die erste Variante entschieden. Doch sind wir überzeugt, Sinn und Anliegen von Armand Jean le Bouthillier de Rancé im Wesentlichen sinngetreu und wortnah wiederzugeben

Dies ist der rein deutsche Teil der zweisprachigen Ausgabe. Fast alle dortigen Fussnoten sind daher nicht enthalten. Es wird kein wissenschaflicher Anspruch erhoben.

Den Abschnitten sind die Fundstellen-Angaben vorangestellt, die den Kapiteln von SDVM entsprechen. Die Seitenzahlen verweisen auf die alten Originalausgaben von 1683 und 1701.

Für Korrekturen und nützliche Hinweise sind die Übersetzer jederzeit dankbar. Bitte richten Sie diese an den Herausgeber unter der mail-Adresse: jochen.michels@jomi1.com

I. Von den Ursprüngen

1. Die Wüstenväter

Kap. XII, Frage 4, S.424 f.

Die Kirche hat die Wüstenväter als sichtbare Engel angesehen, von Gott berufen zu ihrer Bewahrung und Verteidigung. Sie hat uns nichts Größeres und Heiligeres anzubieten, als uns Tag für Tag deren beispielhaftes Leben vor Augen zu stellen: Es handelt sich bei ihnen um ganz außerordentliche Menschen, derer die Welt nicht würdig war. Ihnen schuldet das Abendland die Kenntnis von der monastischen Berufung und den ganzen Ruhm und Nutzen, den es daraus gezogen hat.

All dies passt kaum zusammen mit dem abschätzigen Urteil, welches man über ihre Lebensführung bisweilen fällt. Ich kann nicht verstehen, dass man so ohne weiteres etwas den schlecht geregelten Neigungen der Natur, dem persönlichen Charakter und einer verdorbenen menschlichen Grundverfassung zuschreibt, was bei ihnen nur die Wirkung einer gänzlich vom Himmel stammenden Eingebung, eines Impulses der Gnade und des Wirkens des hl. Geistes schlechthin sein kann.

Für meine Person gestehe ich selbst in Ermanglung weiterer Begründungen, dass es für meine Überzeugung von der Heiligkeit, Nützlichkeit und Notwendigkeit einer Praxis der Selbsterniedrigungen ausreichen würde zu wissen, dass sie auf solch gottesfürchtige Art und Weise begonnen und bewahrt wurde von jenen großen Heiligen – sie waren ja nur der äußeren Gestalt nach Menschen, da sie über die Liebe, die Erleuchtung und die Reinheit von Engeln verfügten – die Gott hat auftreten lassen, um uns die Vorschriften und Regeln eines Lebens in Einsamkeit zu geben, und die infolgedessen mehr als andere Menschen von Geist und Wahrheit geprägt waren.

Was nun den leidenschaftlichen Charakter angeht, den man gewöhnlich Griechen und Orientalen zuschreibt, findet man meines Erachtens davon nicht die geringsten Züge in der Lebensführung der Heiligen wie Athanasius, Basilius, Chrysostomus, Antonius, Palemon, Pachomius, Euthymius, Julianus Sabas, Ignatius, Johannes Klimakos und so vieler Anderer. Auf jeden Fall verfügten sie bei den Herausforderungen und Prüfungen über alle nötige Hingabe, Kraft und Festigkeit. Man wird vielleicht sagen müssen, dass die Gnade Jesu Christi sie allem Weltlichen entzogen hat. Dasselbe hat man wohl von den anderen heiligen Vätern und Eremiten des Orients zu halten, welche, gestorben für die Welt, als ob sie nicht von ihr stammten, zusammen mit dem Apostel Paulus mit Fug und Recht sagen können:

„Ich lebe, aber nicht ich bin es, sondern Christus ist es, der in mir lebt.“ Und gewiss gibt es nichts Ungerechtfertigteres, nichts Unerlaubteres als unter Bezugnahme auf einige wenige aus dem Rahmen fallende Gegebenheiten, die in der Geschichte des

Mönchtums eintreten können, Argumente gegen die Heiligmäßigkeit des Wüstendaseins vorzubringen.

Zugegebenermaßen hat man solche behaupteten Wesenszüge wahrnehmen können, und zwar in den Komplotten, wütenden Ausfällen, Intrigen und Gewalttätigkeiten von Männern wie Eusebius von Nikomedien, Georg, Patrophilus und Theophilus; dies aber zu übertragen auf jene verehrungswürdigen Persönlichkeiten und geradezu göttlichen Menschen, können wahrhafte Christen und aufrichtige Verehrer des Kreuzes Christi nur schwerlich nachvollziehen. Dies würde nämlich bedeuten, das strahlendste Zeugnis ihres Lebens in Misskredit zu bringen und den Feinden eines bußfertigen Lebens Waffen in die Hand zu geben, um dessen herausragendste Zeugen und Vorbilder zu bekämpfen.…

Mit der gleichen Einstellung, die auch ihr, meine Brüder, an den Tag legen müsst, lobt und bewundert sie der hl. Benedikt, hält nichts für erbaulicher als über ihre Taten und ihre Lebensführung zu lesen und legt seinen Schülern nahe, sie wie ihre Oberen und Lehrmeister nachzuahmen.

2. Aus der Geschichte unserer Gründung…

Kap. XXII, Frage 5, S.564 f.

Der hl. Robert scharte im Wald von Molesmes seine Jünger um sich, um dort nach der Regel des hl. Benedikt zu leben. Hier errichtete er ein Kloster, welches in der Anfangszeit ein Wunderwerk und das Zentrum geistlicher Erbauung seiner Zeit war. Im Geiste der Altväter bauten jene Männer aus miteinander verflochtenen Baumästen ein Gebets- und ein Wohnhaus; ihre sonstige Lebensweise entsprach auch dieser extremen Armut. Aber wenige Jahre nach ihrer Niederlassung nahm ihr Eifer ab und ihre Frömmigkeit wurde so schwach, dass sie selbst unter den Augen ihres Gründers und Abtes, trotz seiner Anweisungen, trotz seiner Warnungen und gegen seinen Widerstand das Werk, welches sie begonnen hatten, aus dem Gedächtnis verloren und in eine solch große Laxheit verfielen, dass jener heilige Mann, von Schmerz überwältigt, sich gezwungen sah, sie mit einigen seiner Mitbrüder zu verlassen und andere Orte aufzusuchen, wo sie in aller Abgeschiedenheit Gott dienen konnten, ohne in der Befolgung der von ihnen angenommenen Regel gestört zu werden.

Der Geist Gottes führte sie in die Einöde von Cîteaux, wo jener große, heilige und berühmte Orden seinen Anfang nahm. Der hl. Bernhard war ihr vornehmster Ruhm und Zierde. Doch kaum dass er gestorben war, zeigten sich Schwachstellen, die schon Vorboten eines allgemeinen Zerfalls waren.

Denn obwohl er zu Beginn des zweiten Jahrhunderts seit seiner Gründung noch Disziplin und Strenge beibehielt, konnte man kaum noch bezweifeln, dass er viel von der Heiligkeit und Makellosigkeit verloren hatte, die in den ersten hundert Jahren dort anzutreffen waren. Und die Mahnungen, die Papst Alexander III.

wenige Jahre nach dem Tod jenes großen Heiligen an die Ordensleute von Cîteaux richtete, sind immer noch dermaßen beachtenswert und dazu angetan, als Warnung zu dienen, dass ich es für angebracht halte, daraus einige Sätze zu zitieren. „Mit Bedauern", sagte dieser bedeutende Papst, „setzen wir euch davon in Kenntnis, dass, obwohl ihr euch nicht in allen Punkten von der heiligen Ordensregel entfernt habt, es unter euch trotzdem viele gibt, die sich nicht unerheblich davon getrennt haben. Deshalb ermahnen wir euch, euer Leben wieder im Sinne der Gründerzeit auszurichten."…

Die Unbekümmertheit, mit der sie hinnahmen, dass der hl. Thomas von Canterbury das Kloster von Pontigny auf Grund der Einschüchterungen des Königs von England verlassen musste, macht deutlich, dass ihre Selbstlosigkeit und Liebe nicht mehr die gleiche wie zur Zeit des hl. Bernhard war, der sich wie eine Mauer aus Erz der Gewalttätigkeit jenes Königs entgegengestellt hätte. Auch sollten nicht die Worte Ludwigs VII. verschwiegen werden, als er von jenem erzwungenen Rückzug erfuhr: *„Oh Orden! Oh Orden! Wie steht es heutzutage um dich, da diejenigen, von denen wir meinten, sie hätten der Welt entsagt, die Bedrohungen dieser Welt fürchten. Um vergängliche Güter zu retten, die sie doch bei ihrer Profess für gering erachteten, haben sie den anfangs so vortrefflich gezeigten Einsatz für die Sache Gottes aufgegeben, indem sie einen Heiligen von ihrem Haus verjagten, der auf Grund* *seines Einsatzes für die Gerechtigkeit aus seinem Land vertrieben worden war. …*

Es schmerzt mich sehr zu sehen, dass Personen, die nur Gott zu lieben und zu fürchten schienen, Angst davor bekamen, mit ihrem Beistand für den Bischof von Canterbury den König von England zu verärgern… Ihr könnt ganz sicher sein, dass ich ihn nie im Stich lassen werde, wenn auch die Welt und selbst die, die nicht mehr von ihr zu sein scheinen, ihn im Stich lassen." Baronius sagt, dass diese Vertreibung ein großes Ärgernis in der Kirche verursachte.

Die Zerwürfnisse, welche der Ehrgeiz der ersten Äbte in diesem Orden auslöste, ca. 100 Jahre nach seiner Gründung, lassen erkennen, dass er schon seit jener Zeit tiefe Wunden davongetragen und sich weit von der Reinheit und Einfachheit seiner Ursprünge entfernt hatte. Jene Kontroversen waren so groß, dass sie Papst Innozenz III. veranlassten, ihnen zu schreiben, „*er habe dunklen Gerüchten zufolge gehört, dass das so reine und hervorragende Gold seinen Glanz verloren und sich schließlich in wertloses Material verwandelt habe, da sie in ständigem Streit um die Vorrangstellung lägen. Indem sie nur ihre eigenen Interessen und nicht die Jesu Christi verfolgten, zeigten sie, dass sie den Weg der Wahrheit und ihre ursprüngliche Anspruchslosigkeit aufgegeben hätten.*"

3. Der hl. Bernhard

Kap. XIX, Frage 5, S. 366

Keinen Ordensmann hat die Vorsehung mehr ausersehen, auch in weltlichen Dingen hilfreich zu sein, als den hl. Bernhard. Menschen jedweden Standes wandten sich mit ihren Nöten und Zweifeln an ihn um Hilfe.

Man sah ihn als weisen Propheten der Amtskirche an. Er hat sie durch seine Lehre und durch sein heiligmäßiges Leben voran gebracht. Überall legt er indessen Zeugnis davon ab, dass es allein Gottes Anruf sei, der ihn dazu gezwungen habe, die engen Grenzen seines Ordensgelübdes zu überschreiten, wobei es aber dabei bleibe, dass Zurückgezogenheit und Schweigen typische Merkmale eines Mönchs seien. Einen seiner Freunde, der klagte, er hätte ihm einen Brief geschrieben, kürzer und weniger ausführlich, als er sich gewünscht hätte, erinnerte er mahnend daran, dass das, was er von ihm verlange, sein Ordensgelübde wie seine Befugnis übersteige und dass es die Pflicht eines Mönchs, der er ja nach außen hin sei, und die eines Sünders, der er ja tatsächlich sei, darin bestehe, über sich zu weinen und nicht darin, Andere zu unterweisen. Ein Unwissender habe nicht die Fähigkeit zu belehren und ein Mönch sollte weder die Verwegenheit haben, solches zu tun, noch ein Sünder das Verlangen danach.

„Glaubt mir,“ sagt eben dieser Heilige, *„ich weiß es aus Erfahrung: Ihr werdet mehr in den Wäldern lernen, die Bäume und die*

Felsen werden euch mehr lehren können als alle Lehrmeister der Erde. Wenn ihr Jesus Christus finden wollt, dann nur über seine Nachfolge, nicht durch das Lesen von Büchern."

Ihr täuscht euch, sagt er an anderer Stelle, wenn ihr glaubt von den Gelehrten dieser Welt dasjenige Wissen zu erwerben, welches die Jünger Jesu Christi, die alles Weltliche verachten, nur von Jesus Christus selbst lernen können. Ein solches Wissen verdankt sich keineswegs dem Lesen von Büchern sondern der Labsal, die der Geist Gottes und nicht der Buchstabe uns eingibt, und welches wir nicht durch ein Studium erwerben können sondern durch den Gehorsam, den wir den Weisungen des Herrn entgegenbringen.

An anderer Stelle, wo er von einem Einsiedler sprach, der vorgab, das Recht und die Freiheit zur Predigt zu haben, sagt er, dieser müsse doch wissen, dass es Aufgabe eines Mönchs sei, zu weinen und nicht zu predigen und dass das Stadtleben ihm wie ein Gefängnis, die Einsamkeit aber wie ein Paradies vorkommen solle.

4. Über die Mönche von La Trappe und ihre Lebensführung

Kap. XXII, Frage 7, S. 597 f.

Ein Wort an euch persönlich: Sollte es jemals vorkommen, dass man das Leben, so wie ihr es führt, so gemäßigt und normal es auch ist, kritisieren und ihm Exzesse und sonstige extreme Züge unterstellen wollte, dann antwortet frei heraus, dass ihr trotz aller Anstrengungen eben nur sehr unvollkommene Abbilder so vieler Heiligen und Einsiedler seid, die vor euch gelebt und Christus gedient haben durch Hunger, Durst, Blöße, ermüdende Arbeit, Wachen, Fasten, Gebet und Meditation und durch eine unendliche Fülle von langen und harten Selbstkasteiungen. Man sollte diese so erbaulichen Erzählungen aus ihren Viten streichen oder euch untersagen, diese zu lesen, wenn man es nicht dulden will, dass ihr wenigstens einige Aspekte in eurer Lebensführung verwirklicht. Warum solltet ihr bei der Lektüre derselben nur verwirrt werden und nie Trost darin finden, jene nachzuahmen?

Sagt weiterhin, um euch noch mehr an euren Ordensstatus zu binden, dass ihr Heilige als Lehrmeister habt, dass sie euch Regeln gegeben haben und dass ihr trotz aller Versuche, diese genau einzuhalten, weit davon entfernt seid, die Anweisungen, die sie euch gegeben haben, in die Praxis umzusetzen.

Sagt auch, dass das Fasten, welches man zur Zeit des hl. Benedikt und des hl. Bernhard einhielt, weit strenger war, als eures jetzt ist: sie hätten nur einmal am Tag zur neunten Stunde eine Mahlzeit zu sich genommen, ihr unterbrächet jedoch das Fasten zur Mittagszeit und man erlaube euch, noch abends etwas zu euch zu nehmen. Sagt weiter, sie würden euch auch in der Handarbeit übertreffen, da sie ja das Getreide selbst geschnitten und gedroschen haben. Fügt hinzu, dass zu Lebzeiten des hl. Bernhard, den ihr als euren Vater anseht, die Mönche von Cîteaux, deren Nachfolger ihr seid, mit ähnlichen Arbeiten beschäftigt waren und die gleiche Enthaltsamkeit übten; dass ihre gewöhnliche Nahrung aus Nüssen, Kräutern und Wurzeln bestand, zubereitet mit gesalzenem Wasser; dass man ihnen pro Tag ein Pfund einfaches Brot vorsetzte und für den Fall, dass es nicht mehr fürs Abendessen reichte, ihnen ein mit ungesiebtem Mehl gebackenes Brot anbot; dass sogar die Kranken nachts zum gemeinsamen Gebet aufstanden und an Karfreitag wie ihre Mitbrüder barfuß gingen. Sagt zu guter Letzt, dass eure Lebensführung keinen Vergleich aushält mit jener Strenge und dass die von euch wie man behauptet, eingehaltene Askese weit geringer ist als die eurer Gründerväter. Man sollte euch eher die Lockerung der Ordensregel vorwerfen als eine übertriebenen Erfüllung derselben.

Was die Bedenken angeht, die man euch einreden möchte bezüglich der Anzahl der Mitbrüder, die die göttliche Vorsehung in so kurzer Zeit aus dieser Welt abberufen hat, so seid ganz beruhigt im Wissen darum, dass sie ihre Tage in einer Klostergemeinschaft, mit einer bußfertigen Lebensführung und in Befolgung von Ordensregeln verbracht haben, die von der Kirche gebilligt worden sind; dass sie schließlich in einem Kloster gefunden haben, was sie suchten: lernen, dort zu leben und in heiligem Frieden zu sterben; dass diejenigen, die der Welt entsagen und sich, berufen durch den Geist Gottes, in ein Kloster zurückziehen, dort nicht eintreten, um ihr Leben zu retten sondern um sich auf den Tod vorzubereiten und, indem sie aus ihrem Herzen jeden Hang zu Zeitlichem und Vergänglichem verbannen, ihre ganze Aufmerksamkeit auf das richten sollen, was ewig ist.

5. Ordnung des Klosterlebens und die Arbeit in La Trappe

Kap. XIX, Frage 11, S. 4o9 f.

Was euch angeht, meine Brüder, die ihr mit Aufgaben betraut seid, von denen die altväterlichen Einsiedler ausgenommen waren, und die die Kirche auf Gebet, Gottesdienst und sonstige Dienste verpflichtet, die sie jenen keineswegs abverlangte, macht wenigstens den Versuch, wenn ihr ihnen auch nicht in der Ausdauer und in der Länge der Mühen gleichkommen könnt, sie nachzuahmen im Geist und mit der Hingabe, die jene darauf verwandten, damit ihr nicht den ganzen Nutzen und Vorteil, den man daraus ziehen kann, aus den Augen verliert. Eifert ihnen so nach, wie es für euch möglich ist, wenn ihr sie auch nicht erreichen könnt. Dem genügt ihr in gewisser Weise, wenn ihr die Zeit, die nicht für den Chordienst, das Gebet und die von der Ordensregel vorgeschriebene Bibellesung bestimmt ist, mit Handarbeit verbringt, wenn ihr im Kloster alles das tut, was Geistliche, die keine Handarbeit verrichten, von Tagelöhnern oder Dienern machen lassen. Um es ausführlicher zu beschreiben: wenn ihr für das sorgt, was zur Ernährung der Gemeinschaft notwendig ist, wenn ihr mit eigenen Händen die Wäsche macht, wenn ihr die Ställe versorgt, ausmistet, den Acker umgrabt, eure Gärten selbst mit Sorgfalt und Hingabe pflegt, so dass ihr damit die Grundversorgung sichert, wenn ihr Leinentuch, Glasfenster, Essgeschirr, Körbe, Sandalen und ähnliche Dinge herstellt, ohne auf auswärtige Handwerker zurückzugreifen, wenn ihr letztlich keine der Dienste, die ihr dem Kloster leisten könnt, vernachlässigt und mit Freude die gemeinsten und verächtlichsten Dienste übernehmt.

6. Klöster und Observanzen: zeitbedingt und vergänglich!

Kap. XXII, Frage 5, S. 570 f.

Es ist mit den Klöstern und der Einhaltung der Ordensregeln wie mit dem Leben der Menschen. Gott hat ihre Dauer festgelegt und den einen wie den anderen Grenzen gesetzt, über die sie nicht hinaus können. Ein Mensch stirbt und man gibt sich alle erdenkliche Mühe herauszufinden, weshalb er gestorben ist. Aber im Grunde, wenn man die Dinge bis an ihre Ursprünge zurückverfolgt, stirbt er in Wirklichkeit deshalb, weil es Gottes Wille ist, dass er nicht länger lebt. Gleichermaßen geht eine Observanz zugrunde, wenn sie an ihre Grenzen gestoßen ist, die die göttliche Weisheit für sie vorgesehen hatte.

In einem Wort, meine Brüder, ein Kloster ist eine Arche des Heils, in der Gott eine kleine Anzahl seiner Auserwählten versammelt hat, um sie vor der Sintflut zu bewahren, die in unserer

Welt einen solch allgemeinen desolaten Zustand hervorbringt. Er lenkt die Arche, er beschützt sie, während sie der Ausführung seiner Pläne dient. Aber wenn ihre Arbeit getan ist, wenn seine Auserwählten den Hafen erreicht haben und seine seit Ewigkeit feststehenden Beschlüsse in die Tat umgesetzt sind, zieht er sich von denjenigen zurück, die ihn vernachlässigen. Und dann wird im Zuge einer gerechten Strafe dieses zerbrechliche Schiff, mitten im Sturm steuerlos sich selbst überlassen, durch die Macht der Laster und Leidenschaften hin und her geworfen wie von Winden und heranstürmenden Wellen, leidet Schiffbruch und geht unter.

Fügen wir hinzu, meine Brüder, dass Gott, der ja sehr wohl um die Auflehnung des Engels und den Fall des Menschen wusste, trotzdem den einen wie den anderen in seiner Liebe und Gerechtigkeit schuf. Und wenn auch die Menschen durch die Barmherzigkeit Gottes in Jesus Christus Hilfe und Rettung gefunden haben, gab es keine solche für die sich auflehnenden Engel.

Trotzdem ist deren Erschaffung Ausfluss einer unendlichen Güte. Wie sehr muss man also eben diese Güte in der Einrichtung von Orden loben, die erst untergegangen sind, nachdem sie Gott so viele Auserwählte geschenkt haben und für die er vielleicht noch in einer Zeit, die nur seine Vorsehung kennt, eine Erneuerung der anfänglich gespendeten Gnadengaben bereithält, vergleichbar derjenigen, die er seinem Volk bereitet, wenn er es gemäß seinem Versprechen nach einer so langen und allgemeinen Zerstreuung aus allen Teilen der Erde wieder versammeln wird.

II. Vom geistlichen Stand

7. Weltpriester und Mönche: Diener und Büßer

Kap. XII, Frage 21, S. 5o8 f.

Kirchliche Gemeinschaften sind Vereinigungen von Personen, die, weil sie nie das ehrwürdige Siegel des Bundes, den sie mit Jesus Christus geschlossen haben, zerbrochen, noch das weiße Kleid, welches sie bei ihrer Taufe aus der Hand des himmlischen Bräutigams empfingen, befleckt haben, an der Liebe zu ihm festhalten und in ihr bleiben, indem sie die ursprüngliche Unschuld bewahren, die sie niemals verletzt haben. Sie sind wie Kinder, die in schuldigem Respekt und Ehrfurcht vor dem Vater weder auf die Unterstützung durch Tränen noch auf harte Strafen oder erniedrigende Bußübungen angewiesen sind, um seinen Zorn zu besänftigen, den sie ja niemals erregt haben. Trotzdem sind sie aus vielerlei Erwägungen heraus verpflichtet, die übrigen Gläubigen an Demut und Bußfertigkeit zu übertreffen. Zudem ist eine sorglose, träge und zügellose Lebensführung für einen Diener Jesu Christi nicht weniger unwürdig als für einen Mönch.

Die Kirche hat ihre Diener immer als eine auserwählte Rasse und als ein heiliges und ihr ergebenes Volk angesehen. …

Was die klösterlichen Gemeinschaften anbetrifft, handelt es sich um Gruppierungen von Menschen, die als Kriminelle gelten und auf Grund ihres Status als öffentliche Büßer angesehen werden. Da sie den Platz derjenigen einnehmen, die in der Treue, die sie Gott schulden, gefehlt und ihn durch ihren Ungehorsam erzürnt haben, können sie nur dann noch Anspruch auf seine Güte haben, wenn sie seiner Gerechtigkeit Genüge getan haben durch Bußübungen, die ihrer Sünden würdig sind. Sie sind wie verlorene Söhne, die nach Verlassen des väterlichen Hauses die von ihm erhaltenen Güter verprasst haben.

Das heißt: es sind Christen, die, da sie sich der Hand Gottes auf elende Art und Weise entwunden und einen üblen Gebrauch von all seinen guten Gaben gemacht haben, über kein anderes Mittel verfügen, um sich die Türen zu seiner Barmherzigkeit zu öffnen, die sie so oft selbst verschlossen haben, als sich in die Situation desjenigen zu versetzen, der darum bat, wie ein Tagelöhner[4] behandelt zu werden, da er sich für unwürdig hielt, den Rang eines rechtmäßigen Kindes zu bekleiden und zum Tisch zugelassen zu werden. Da ihr Herz ganz vom Gefühl ihrer Sündenschuld durchdrungen ist, stellen sie notwendigerweise durch aufrichtige und tiefe Selbsterniedrigung das wieder her, was ihr Stolz und ihr Ungehorsam an Verwüstungen angerichtet haben. Um einen Gedanken des hl. Gregor aufzugreifen: da sie nicht in aller Ruhe das Erbe der Gerechten durch einen heiligmäßigen Lebenswandel erwerben können, reißen sie es im Schweiße ihrer Kämpfe gegen sich selbst an sich, weil Gott will, dass sie ihn zwingen, ihnen zu

[4] Das Gleichnis vom verlorenen Sohn

verzeihen, und sie ihn praktisch mit Gewalt dazu bringen, dies zu tun.

Man wird vielleicht sagen, dass es sündige Weltpriester und sündenfreie Mönche gibt. Das gebe ich zu. Aber wie der Sünder in dem Moment, wo er in den Rang eines Leviten versetzt wird, nicht mehr als Sünder gilt, so wird ein Gerechter nicht mehr als gerecht angesehen in dem Moment, wo er Mönch wird, und er kann auch nur noch als Sünder gelten. Er verliert seine Unschuld, wenn er sich ins Kloster zurückzieht, so wie Jesus Christus in gewisser Weise aufgehört hat, als Heiliger zu gelten in dem Moment, wo er der Öffentlichkeit wie ein Sünder erschien, nicht nur nach Ansicht der Menschen sondern vor allen Dingen durch die harte Behandlung, die er aus der Hand seines Vaters erfuhr.

Das Kloster ist ein Gefängnis, welches Schuldige macht sowohl aus denen, die ihre Unschuld bewahrt, wie auch aus jenen, die sie verloren haben.

So stellt sich der Status eines Mönchs dar. Dies ist die Vorstellung, die sich diejenigen von ihm machen müssen, die sich auf ihn einlassen. … Ihr Trost wird darin bestehen, in allen ihren Lebensvollzügen die schändlichen Erniedrigungen nachzuvollziehen, die Jesus Christus in seinem Leben erfuhr.

8. Ablegung der Ordensgelübde

Kap. XXIII, Frage 2, S. 611 f.

Jeder Mensch, der sich durch die Ordensgelübde Gott geweiht hat, steht in der Verpflichtung nach dem zu streben, was es an Heiligstem in einem Christenleben gibt, und sich zu dem zu erheben, was das Evangelium an Reinstem, an Hervorragendstem und an Vollkommenstem bietet. Dies haben uns nicht nur die Heiligen der ersten Jahrhunderte gelehrt, wie der hl. Ephrem, der hl. Basilius, der hl. Kassian, der hl. Johannes Klimakos und die, die lange nach ihnen kamen, wie der hl. Bernhard und der hl. Thomas, sondern auch noch diejenigen, die in unserer Zeit über die Pflichten der Ordensleute mit größerer Hingabe und Erleuchtung geschrieben haben, wie die hl. Theresa, Rodriguez, Pater Saint Jure. Bei ihnen allen war ihr Herz ganz auf Gott gerichtet, und wer sich nicht in einer solchen Verfassung befindet, ist auch keineswegs auf dem Weg des Heils. Nun ist diese Vollkommenheit ein Ziel, welches man nur mit den Mitteln und auf den Wegen erreicht, die uns die Heiligen vorgegeben haben. All diejenigen, derer sich die göttliche Vorsehung bedient hat, um in Seiner Kirche Orden und klösterliche Gemeinschaften zu gründen, haben es nie versäumt, Gesetze und Regeln zu erlassen, um an dieses Ziel zu gelangen… Hat man also nicht Grund zu meinen, dass diejenigen, die sich einbilden, sie würden genug daran tun, wenn sie erklären, Armut, Keuschheit und Gehorsam als wesentliche Bestandteile des Ordensstandes befolgen zu wollen, und die trotzdem scham- und hemmungslos die Regeln, Observanzen und Praktiken, die die Heiligen aufgestellt haben, diese zu sichern, dass also diese Leute Lust verspüren, ihre Stellung zu verraten und sich im Grunde weder um Armut noch um Keuschheit noch um Gehorsam kümmern?

Um Freiheit von Leidenschaften, Seelenruhe, Hingabe an Gott, Reinheit des Herzens und der Seele, letztlich jene völlige Selbstaufgabe, in der jeder Mönch leben muss, zu erwerben und zu bewahren, hat der hl. Bernhard die Einsamkeit, die Trennung von den Menschen in der Welt draußen, die Distanz von der Geschäftigkeit der Welt, das immerwährende Schweigen und jene seltene Gelegenheit zur Kommunikation und Unterhaltung selbst bei denen als Bestandteile seiner Ordensregel eingeführt, die in der Lage wären, ihren Beitrag zur geistlichen Erbauung zu leisten.

9. Die Pflicht zur geistlichen Erbauung

Kap. XIX, Frage 7, S. 389 f.

Die Übel, welche Mönche verursachen, wenn sie in ihrem Stand nicht so leben, wie sie sollen, sind folgende: sie fügen der Erde und dem Himmel Schaden zu; sie bereiten der Hölle sozusagen Freude; sie geben dem Teufel Gelegenheit über Jesus Christus zu obsiegen.

Dies zeigt euch, meine Brüder, wie sehr ihr in der Schuld der Weltleute steht. Die geistliche Erbauung ist eine Verpflichtung, die ihr ihnen notwendigerweise erweisen müsst. Immer wenn sie diese in eurer Lebensführung suchen und sie dort nicht finden, begeht ihr ihnen gegenüber einen Diebstahl und raubt ihnen ungerechterweise ein Gut und einen Vorteil, die ihnen mit Recht zustehen. Mönche müssen für den Rest der Menschen das sein, was der hl. Paulus im Korintherbrief mit folgenden Worten ausdrücken will: „Unverkennbar seid ihr ein Brief Christi, ausgefertigt durch unseren Dienst, geschrieben nicht mit Tinte, sondern mit dem Geist des lebendigen Gottes."

Damit will ich sagen, dass Jesus Christus durch die Kraft seines heiligen Geistes in die Herzen wahrhaftiger Ordensbrüder wie auf beseelte Tafeln seinen Willen eingraviert hat, seine Absichten, seine Gebote, seine Ratschläge, Forderungen, Grundsätze, die Tugenden und heiligen Anweisungen, nach denen die, die in der Welt leben, ihr Leben gestalten müssen.

Von jenen müssen sie diese Dinge lernen, sie sind deren Lehrmeister und Sachwalter, gleichsam ein Buch, in dem sie ihre Pflichten studieren und lernen können, was nötig ist oder was sie vermeiden oder praktizieren müssen, um ihr Versprechen zu erfüllen und den Verpflichtungen zu genügen, die sie eingegangen sind, als der Ewige Vater sie sozusagen adoptiert und als Christen in die Zahl seiner Kinder aufgenommen hat.

Wenn jener Feigenbaum aus dem Evangelium verflucht wurde, weil er keine Früchte trug, obwohl die Zeit dafür reif war, dann urteilt selbst, welches das Schicksal eines Mönches sein wird, wenn Jesus Christus als Bittsteller in der Gestalt und in der Person des Geringsten von denen, die Ihm gehören, zu ihm käme und bei ihm statt Früchten, d.h. Werken der Gerechtigkeit, nur Werke der Ungerechtigkeit findet: wenn man ihn um Brot bittet, er einem Gift gibt; wenn man ihn um einen Schluck Wasser bittet, er einem Galle anbietet; wenn man ihn um Kleidung bittet, um die Nacktheit zu bedecken, er diesem aber auch noch die Lumpen weg nimmt, mit denen er sich notdürftig kleiden könnte; wenn man ihn um ein Dach über dem Kopf bittet, er aber die Tür verschließt und ihn von seinem Haus wegjagt. Vergleichbares geschieht einem Mönch, bzw. solches tut ein Mönch jedes Mal dann, wenn Leute, die an ihn herantreten, um geistliche Erbauung zu finden, bei ihm nur den Geist der Welt und nicht den Geist Jesu Christi feststellen und bei ihm lasterhafte Handlungen, Sitten und Gewohnheiten entdecken statt heiligmäßige Tugenden und Eigenschaften, die sie erwarteten bei ihm zu finden.

10. Hingabe an Gott und Trennung von der Welt

Kap. XVI, Frage 23, S. 167-168

So wie die heiligen Wüstenväter sich Gott als Opfer dargeboten haben und so wie das Feuer ihrer Liebe im Brandopfer nichts mehr antraf, was es nicht vernichtet hätte, haben diese von allen natürlichen Leidenschaften gereinigten Seelen, die dahin gelangt sind, das Glück auszukosten, das darin besteht einen Vater zu haben, der im Himmel ist, ohne Trauer und Schmerz den Vater, den sie auf Erden hatten, vergessen. Genau dies werden auch diejenigen empfinden, die sich an Gott verschenken und die unter den Voraussetzungen, welche die feierliche Ablegung der Gelübde verlangt, Jesus Christus in vollkommener Selbsthingabe folgen werden. Sie werden so großen Vorteil, Trost und Ruhm in dieser neuen Verbindung finden, dass sie für immer die Erinnerung an und das Gefühl für all das verlieren, was sie noch an die weltlichen Dinge binden könnte. Und weil Gott das einzige Objekt ihres Verlangens und ihrer Gedanken sein wird, da Er allein die ganze Tiefe ihres Herzens und Geistes ausfüllen wird, werden sie in Ihm auf Grund einer vorweggenommenen Glückseligkeit und ohne unruhigen Übereifer alle diejenigen sehen und lieben, die Sein heiliges Gesetz ihnen nicht verbieten wird zu sehen und zu lieben. Da es ihnen nicht mehr erlaubt ist, sich im Getümmel dieser Welt zu bewegen, um sich vergängliche Güter und Vorteile zu verschaffen, werden sie sich in der Ruhe der Einsamkeit darum bemühen, von Seiner Güte für sich die wahrhaftigen Reichtümer und ewiges Glück zu erhalten.

Eltern werden sich, wenn sie echte Christen sind, glücklich schätzen, in der Person ihrer Kinder Fürsprecher bei Gott zu haben, und die Unterstützung, die jene ihnen im Himmel leisten werden, all dem vorziehen, was sie an nützlichen Diensten hier auf Erden von ihnen hätten empfangen können.

11. Ordensprofess und Trennung von der Familie

Kap. XVI, Frage 28, S. 186 ff.

„Haltet Ihr es für angemessen, am Tage der eigenen Profess die Eltern und Freunde des Ordensbruders hinzu zu laden?“

Meine Brüder, diese Vorgehensweise sollte man nicht billigen. … Wir sehen keinen triftigen Grund, einen Novizen, der bereit ist, gemäß dem Wort des Apostels sein Leben in das Leben Jesu Christi hinein zu verbergen, nochmals mit der Außenwelt zu konfrontieren. Sehen wir doch viele, die ihn für immer davon abhalten wollen, gerade am Tage seiner Profess. Wie! Soll sich diese Seele, die auf Gottes Geheiß hin das Vaterhaus verlassen hat, unter denen aufhalten, von denen sie sich entfernt hat wie eine Taube, die vor dem Vogel geflohen ist, dessen Beute sie zu werden fürchtete. Sie ist noch ganz wie aus Wachs, bereit allerlei Formen und Eindrücke anzunehmen. Muss man da nicht befürchten, dass Dinge auf sie einwirken, die der völligen Entsagung, in der sie leben soll, zuwiderlaufen?

Kann der Anblick von Verwandten und Bekannten in ihr nicht die Dinge wieder aufleben lassen, deren Erinnerung sie verloren haben sollte? Wie soll man wissen, ob sie sich der zärtlichen Zuwendung ihres Vaters, den Liebkosungen ihrer Mutter erwehren kann oder ob sie den Erweisen der Liebe seitens der männlichen und weiblichen Verwandtschaft und seitens der Freunde und Freundinnen standhalten kann?

Es braucht nur eines einzigen Blicks, um einen Brand zu entfachen, den keine Vorsorge und kein Eifer jemals löschen kann. Es ist schnell passiert, dass jemand sich an die angenehmen und unterhaltsamen Momente, an die Geschäftigkeit und die Vergnügungen des vergangenen Lebens erinnert und sich dann nach dem zurücksehnt, was er im Begriff war aufzugeben.

Es ist nur allzu sicher, dass ein wohlgemeintes und beiläufig gefallenes Wort des Trostes ein ganzes Leben voller Unruhe und Bitterkeit nach sich ziehen kann. Was dabei besonders bedauernswert ist, ist die Tatsache, dass man schon zu viel des Weges zurückgelegt hat, als dass es möglich wäre umzukehren. Und so trägt man oft in seiner Brust unbewusst den Grund für sein Unglück und seinen Verlust mit sich herum und zwar an dem Ort und in dem Stand, wo man seine Ruhe und sein Heil zu finden hoffte.

Lasst uns, meine Brüder, solche missliche Begleiterscheinung ausschließen, da man sie als etwas Außerordentliches betrachten kann. Ich frage euch, ob es hinnehmbar ist, beim wichtigsten Lebensvollzug, zu einer Zeit, wo ein Novize die inbrünstigste Frömmigkeit benötigt, bei einer Gelegenheit also, in der er alle

Kräfte des Geistes, des Leibes, des Herzens und der Vernunft bündeln und auf sich konzentrieren sollte, ob es dann zulässig ist, ihn Besuchen, Unterhaltungen, Begegnungen, nicht der Regel entsprechenden und manchmal zügellosen Gastmählern auszusetzen, die dazu geeignet sind, ihn in Disziplinlosigkeit zu stürzen, ihn von Gott abzubringen, ihn aus Seiner Hand zu entreißen oder wenigstens die guten Eigenschaften zu schwächen, die er sich während eines Jahres des Rückzugs aus dem öffentlichen Leben angeeignet hat, und so zu bewirken, dass er unwürdig eine Bindung eingeht, die eine nicht geringere Reinheit abverlangt wie die von Engeln. Es ist gewiss seltsam nachzuvollziehen, dass genau der Tag, der für ihn geprägt sein sollte von tiefer Andacht und an dem er in Frieden, mit Schweigen und in intensiver innerer Einkehr sein Herz vor Gott ausbreiten, Sein Wort hören und mit Ihm über das ewige Leben einen Vertrag abschließen sollte, dass genau dieser Tag derjenige sei, den er mit Unruhe, Verwirrung und Trubel verbringen soll....

Wenn ein Mönch sich für einen Moment der Gegenwart Gottes entzieht, begeht er – so meinten es jedenfalls die Altväter und Eremiten – geistige Unzucht. In welchem Zustand wird sich jene Seele befinden, wenn sie nach den Begegnungen mit Bekannten und Freunden das Hochzeitsgemach betritt und vor die Augen des göttlichen Bräutigams tritt? Wird sie nicht voller unterschiedlicher Gedanken und Vorstellungen sein, vielleicht sogar zerrissen durch Gefühle und Sehnsüchte und entstellt durch geheimste Anwandlungen von Treulosigkeit, die sie nicht vermeiden kann? Soll man sie auf diese Weise vorbereiten und darauf hinarbeiten, sie würdig zu machen für diese heilige Verbindung, würdig dieses unendlich keuschen, reinen und schönen Bräutigams? Wissen wir denn nicht, dass dieser Bräutigam eifersüchtig ist, dass die Zügellosigkeit, die er bei seinen Bräuten sieht, ihn kränkt und erzürnt, dass er alle seine Geschöpfe als Rivalen betrachtet und es ihn schmerzt, wenn wir auch nur einen Augenblick bei ihnen verweilen und ihnen zu seinem Nachteil etwas zukommen lassen?

Wir jedoch gehen, als ob dies alles nicht existiere, bedenkenlos vom vertraulichen Umgang mit den Menschen über zu dem mit Gott; mit den weltlichen Dingen gehen wir so rücksichtsvoll wie möglich um und bilden uns ein, uns aus der Tiefe der Täler zu den Gipfeln der Berge zu erheben und von einem Augenblick zum anderen aus den tiefsten Regionen der Erde zum höchsten Himmel aufzusteigen. …

Die Oberen müssen über die Seelen, die Jesus Christus ihnen anvertraut hat, mit so großer Sorgfalt wachen, dass deren Reinheit nicht den geringsten Schaden nimmt. Es ist Aufgabe der Ordensoberen, darauf zu achten, dass sie die Ruhe ihrer Anbefohlenen nicht durch Bekundungen eines zudringlichen und zu einem ungünstigen Zeitpunkt erfolgenden Erweises von Zuneigung stören. Deren Ziel muss es sein, sich Jesus Christus ganz hinzugeben und diese Verbindung mit so großer Bereitschaft und so großem Engagement einzugehen, dass in ihnen nichts sich befindet, was ihm missfallen kann.

12. Ordensprofess als mystischer Tod

Kap. XVI, Frage 28, S. 192

Mit dem mystischen Tod, der mit dem feierlichen Ordensgelübde eintritt, ist es ähnlich wie mit dem natürlichen Tod, der sich mit dem Auslöschen der Lebensgrundlagen einstellt. Man trennt sich bei dem einen wie bei dem anderen von den Menschen und dies ohne die Möglichkeit einer Umkehr; man verzichtet auch auf die Güter dieser Welt, man beraubt sich freiwillig der irdischen Reichtümer und richtet alle seine Gedanken auf die himmlischen Güter, da man sich an Jesus Christus bindet, von dem sie stammen und der die souveräne Verfügungsgewalt über sie aus den Händen des Vaters erhalten hat. Die Worte, die der Geist Gottes diejenigen sprechen lässt, die aufgrund ihres Gelübdes dem Leben entsagen, und die Worte derjenigen, denen das Lebenslicht ausgeht, sind trotz der unterschiedlichen Ausprägungen so sehr sinnverwandt, dass die einen wie die anderen zweifelsohne die gleichen Gefühle und die gleiche Grundhaltung haben müssen. Der Mensch, der hier auf Erden eines natürlichen Todes stirbt, spricht zu Jesus Christus in vollem Vertrauen und in voller Selbsthingabe: „*In Deine Hände empfehle ich meinen Geist*" und bezeugt bei dieser endgültigen Trennung von der Welt, dass er sich Ihm ganz überlässt und auf Ihn all seine Hoffnungen setzt. Und derjenige, der durch die Gnade Gottes auf Erden das Zeitliche hinter sich lässt, wendet sich gleichermaßen an Jesus Christus. Er wirft sich Ihm in die Arme, indem er durch eine feierliche Erklärung öffentlich bekundet, dass alles auf Ihn ausgerichtet ist und dass er von Ihm allein sein Glück, sein Heil und sein Leben erwartet: *„Nimm mich auf, Herr, wie Du gesagt hast, und ich werde leben; enttäusche niemals meine Erwartung.“*

13. Die Verpflichtungen des Ordensgelübdes

Kap. XXIII, Frage 2, S. 616 f.

Der Ordensstand, wenn er recht vollzogen wird, ist ein Vertrag, den das Geschöpf mit Gott abschließt. Es vertraut Ihm seine Zeit, seinen Besitz, seine Freiheit, sein Leben und seine ganze Persönlichkeit an und erhofft für sich einzig und allein die Güter, die Jesus Christus denen versprochen hat, die alles verlassen und auf alles verzichten, um Ihm nachzufolgen. Es verpflichtet sich, Ihm zu dienen gemäß allen Vorschriften, Anordnungen und Observanzen, die in der Ordensregel enthalten sind, in der es die Profess ablegt. Und Gott verspricht im Gegenzug seine Dienste gnädig anzunehmen, es glücklich zu machen und selbst für es Glück, Ruhm und Lohn zu sein. Diese Verpflichtung beruht also auf Gegenseitigkeit, unter der Bedingung, dass das Geschöpf standhaft und treu in der Erfüllung seiner Gelübde ist, wenn auch Gott gegenüber dem Geschöpf zu nichts verpflichtet ist. Dies lehrt uns der hl. Bernhard an der Stelle, wo er bei der Aufzählung der Mittel, durch die sich die Ordensleute heiligen sollen, erklärt, Gott knüpfe ihren Lohn an ihre Treue, sie aber nur auf ihn zählen dürften, wenn sie Tag und Nacht unaufhörlich alle Pflichten und Observanzen erfüllt hätten, die in der Regel festgelegt sind. An anderer Stelle sagt er, ein Ordensmann solle wissen, dass er Gott verhöhnt, wenn er es unterlässt seine Versprechungen zu erfüllen und Er ihn dafür bestrafen wird.

Daraus ersieht man, dass die Ordensleute, die sich von all diesen unterschiedlichen Observanzen losgesagt haben, d.h. vom Fasten, von Nachtwachen, Enthaltsamkeit, körperlicher Arbeit, Kasteiungen der Sinne und des Geistes, von der Besitzlosigkeit, dem einfachen Lebensstil, der Distanz zu geschäftigen, geschäftlichen und sonstigen weltlichen Lebensweisen, und die ihr Leben entgegen den heiligmäßigen Übungen führen, dass diese Mönche also keinerlei Anspruch erhoffen dürfen auf das, was Gott nur denen in Aussicht gestellt hat, die sich um die Befolgung der Ordensregel bemühen.

14. Heiligkeit in den nicht geregelten Observanzen

Kap. XXIII, Frage 5, S. 636 f.

Die Auserwählten Gottes sind über die ganze Welt verstreut. Es gibt keinen Ort, keinen Stand, wo sich nicht jemand befindet, der Ihm ganz gehört und den Er als Gefäß der Barmherzigkeit ansieht. So gibt es selbst in den am wenigsten strengen und am wenigsten regelkonformen Ordensgemeinschaften stets einige auserwählte Seelen, die sich von den gemeinen Regelverstößen fernhalten, da sie der ihnen von Gott geschenkten Erleuchtung folgen und die Wahrheit erkennen. Durch persönlichen Einsatz, Gebete und unermüdliche Anstrengungen, in ihrer Sorge, durch ihr Verhalten die Ordensregel nach Kräften einzuhalten, verwirklichen sie vor Gott aufgrund der Befindlichkeit ihres Herzens all das, was zu praktizieren sie die mangelnde Ordnung in gewissen Klöstern und der Druck seitens ihrer Vorgesetzten hindern. Sie sind vergleichbar mit den Oliven, von denen in der Hl. Schrift die Rede ist, die nach der Ernte am Baum verblieben sind, vergleichbar mit der Weintraube, die der suchenden Hand der Weinleser entkommen ist, vergleichbar mit Lot, der die Gottesfurcht mitten in einem Volk bewahrte, welches sie völlig verloren hatte, vergleichbar mit Noah, der in der allgemeinen Verdorbenheit der Welt unschuldig blieb.

15. Erleichterungen und Vollkommenheit

Kap. XXIII, Frage 6, S. 640 f.

Man muss in Betracht ziehen, dass die Kirche, als sie Erleichterungen einführte, nur die Strenge der Lebensführung abgemildert hat. Sie erteilte Dispens von einigen schwierigen Praktiken und Übungen, um den Ordensstand eher vereinbar zu machen mit der Schwachheit derjenigen, die nicht an ein vollkommeneres Ordensleben herangeführt werden können. Aber sie hat nie an das gerührt, was für die Berufung eines Mönches wesentlich ist, d.h. sie hat keineswegs die Ordensleute von der Verpflichtung entbunden, die Jesus Christus ihnen auferlegt hat, nämlich unaufhörlich nach der evangelischen Reinheit und nach der Vollkommenheit eines heiligmäßigen Lebens zu streben. Ihr ist zu sehr an ihrem Ruhm gelegen, als dass sie die von Herzen kommende Verehrung Gottes im geringsten begrenzen wollte, die die Menschen zu leisten verpflichtet sind. Dies ist außerdem eine Aufgabe, die der hl. Bernhard ‚unabänderlich' nennt und die von Seiten der Menschen keine Veränderungen erfahren darf. Folglich ist es richtig zu behaupten, dass ein Ordensbruder, der die Regel auf gemäßigte oder auf strikte Art und Weise einhält, unbedingt verpflichtet ist, eine herausragende Tugendhaftigkeit anzustreben, dass normale Frömmigkeit ihm nicht ansteht und er Jesus Christus in genauer Erfüllung aller Seiner Räte dienen muss.

Obwohl jedoch diese Verpflichtung in vollem Unfang weiter besteht, muss man weiterhin darin übereinstimmen, dass er durch die Abmilderung der Observanz den größten Teil der Mittel verliert, durch die er ihr genügen kann. Denn wir erkennen vernunft- und erfahrungsgemäß und ebenso auf Grund der Unterweisungen der heiligen Ordensväter, dass das Fasten, die Enthaltsamkeit, das Wachen, die körperlichen Arbeiten, das Schweigen und die übrigen asketischen Auflagen der Ordensregel die wirkmächtigsten Hilfen darstellen, die die Ordensgründer uns hinterlassen haben, um an dieses Ziel zu gelangen.

Folglich sind Abmilderungen der Observanz, so heilsam und gut gemeint sie auch in der Absicht und der Praxis der Kirche sein mögen, trotzdem Schwäche- und Mängelzustände; sie erlassen uns die Schuldigkeit, die Verpflichtungen und Bürden und verringern die Vorteile und Möglichkeiten, die die Regel uns zu ihrer Erfüllung geboten hat. …

Schließt also aus dem eben Gesagten, meine Brüder, dass Regelerleichterungen voller Nachteile und Gefahren sind und dass die Kirche sie nur für den Fall eingerichtet und gebilligt hat, wo die Notwendigkeit sie dazu gezwungen hat und sie keinerlei andere Mittel gefunden hat, um Übel zu heilen, Disziplinlosigkeiten zu wehren und für das Heil ihrer Kinder zu sorgen.

Wenn ihr nach all dem Schwierigkeiten habt zu erkennen, was eine Ordensperson, die eine abgemilderte Observanz praktiziert, tun soll, um ihr Heil sicher zu stellen, so werde ich euch sagen, sie solle sich den Anweisungen der Kirche anschließen und die Voraussetzung dafür schaffen, die Gnade und den Segen Gottes zu erhalten, die Er mit allen Dingen verbindet, die Er billigt. …

Durch lauter vollzogenen Umkehr, durch Frömmigkeitsübungen, Selbstverleugnung, Selbsterniedrigung, Gebete, Unterwerfung, Gehorsam, wovon die Kirche sie ja keineswegs dispensiert hat und nie jemanden dispensieren wird, soll sie sich würdig erweisen, von Gott jene innere Selbstentäußerung, jene Reinheit des Herzens und jene evangelische Vollkommenheit zu erhalten, die Jesus Christus bis zum Ende der Zeiten all denjenigen abverlangt, die von ihm die Gnade empfangen haben, sich durch die Ordensgelübde ganz seinem Dienst zu weihen.

16. Mönche, diese unnützen Wesen!

Kap. XIX, Frage 6, S. 377 ff.

Wird man nicht Mönche, die sich keinen Studien widmen, für Leute halten, die für die Welt unnütz sind?

Dies ist ein Gedanke, der leicht zu entkräften ist; er ist verursacht durch den Mangel an Glauben unter den Menschen und durch die Gewohnheit, alles nach dem äußeren Anschein zu beurteilen und einzuschätzen. So wie sie nicht davon überzeugt sind, was Fürbitten und Buße bei Gott bewirken können und eben auch nicht glauben, dass Mönche auf geheime und unmerkliche Art und Weise der Welt dienen, so halten sie die Unterstützung und den Dienst, den sie für die Welt leisten, für nichtig. Da tritt ein Mönch in der Öffentlichkeit auf, predigt oder schreibt dicke Bücher, oft mit wenig Ergebnis und Nutzen. Doch schon bilden sich die Leute ein, er leiste Großartiges. Ein anderer hingegen unterstützt in tiefer Einsamkeit durch die Inbrunst seiner Gebete und die Heiligmäßigkeit seiner Lebensführung die Wahrheit des Glaubens und den Ruhm der Kirche, rettet ganze Staaten und Königreiche, aber keiner bemerkt dies, weil man die inneren Abhängigkeiten und Zusammenhänge zwischen bedeutenden Ereignissen und den sie hervorbringenden Ursachen nicht erkennt. Doch was auch immer die Leute davon halten, wenn Mönche ihren Pflichten in dieser Welt nachkommen und ihre Aufgabe mit der Frömmigkeit und Reinheit, die ihnen vorgeschrieben ist, erfüllen, können wir, weit entfernt davon sie als für das öffentliche Leben unnütze Personen zu betrachten, mit Sicherheit behaupten, dass es niemanden gibt, dem die Welt mehr verdankt und der wichtigere Beiträge zu ihrer Rettung leistet.

Ihr müsst wissen, meine Brüder, dass die unterschiedlichen Verpflichtungen eines Ordensbruders, besonders derer, die die Mönchsgelübde abgelegt haben, sich auf drei Hauptaufgaben reduzieren lassen.

Die Erste verlangt, dass sie die Sünden der Menschen vor Gottes Richterstuhl tragen und für diejenigen Buße tun, die selbst nicht daran denken. Die Zweite verlangt, dass sie die Welt durch ihr Beispiel heiligen, und die Dritte, dass sie sich unaufhörlich für sie bei Gott einsetzen, um von Seiner Güte die Gnade, den Wohlstand und den Segen zu erhalten, die für die Welt wichtig sind. Dies sind die wahren Hilfen, die die Welt von den Mönchen erwarten und fordern darf. Diesbezüglich erfüllen die Mönche ihre Aufgabe keineswegs durch Gelehrsamkeit und Lehrtätigkeit, sondern durch ihre Buße, ihr heiligmäßiges Leben und ihre Gebete. Also hängt die Hilfe, die die Mönche der Welt leisten sollen, keinesfalls von ihren Studien noch von ihrem Wissen ab. Es ist deshalb ein allgemeiner Irrtum, sich vorzustellen, sie seien für die Gesellschaft unnütz, wenn sie sich nicht wissenschaftlich betätigen. …

Es gibt keine Fürsprache und Hilfe, die die Menschen nicht von Gott durch die Vermittlung von Mönchen erhalten hätten. Man kann demnach über diese glückseligen Jünger sagen, was man von ihrem Meister und Lehrer gesagt hat: dass sie nämlich mit Gnadengaben und Segnungen alle Ortschaften und Gegenden erfüllt haben, wo es Seiner Vorsehung gefallen hat sie anzusiedeln bzw. sie hinzuführen. Alle diese wunderbaren Dinge, meine Brüder, sind die Folgen der Heiligkeit der Mönche gewesen; Studium und Wissenschaft haben daran keinen Anteil und die Mönche haben alle diese Wundertaten hervorgebracht einzig und allein durch ihre Demut, ihre Buße, ihr einfaches Leben, ihre Liebe zu Jesus Christus und durch die Reinheit ihres Glaubens.

17. Leben wie die Heiligen

Kap. XXIII, Frage 7, S. 656 ff.

… eine Mönchsgemeinschaft ist eine Gruppe von Personen, engagiert in einem heiligen Kampfesdienst für Jesus Christus und den Ruhm Seines Namens. Sie sind gezwungen ständig ihre Waffen in den Händen zu tragen und Tag und Nacht wachsam zu ihrer Verteidigung zu sein. Sie wissen nämlich, dass in dem Stand, in dem sie sich befinden, alles zu befürchten ist und dass es überall Öffnungen und Breschen gibt, so klein sie auch sein mögen, wo hindurch man sie angreifen und überraschen kann …

Ich glaubte, meine Brüder, euch folgende letzte Klarstellung mit auf den Weg geben zu müssen, damit ihr nicht, da Gott euch durch seine Gnade vor groben Regelverstößen bewahrt hat, unbedacht und untreu genug seid, um in eine Disziplinlosigkeit zu verfallen, die, weil von subtilerer geistigen Natur, nicht weniger zu fürchten ist und damit ihr, wenn euch jemals in den Sinn kommen sollte, Gefühlen nachzugeben, die euren Gelübden zuwiderlaufen, oder wenn es jemanden gäbe, der es wagte sie euch vorzuschlagen, euch stets daran erinnern möget, dass ihr euch verpflichtet habt, wie Heilige zu leben, und dass es nichts nutzt, deren Gewänder zu tragen und einige äußerliche Übungen zu praktizieren, wenn man nicht über deren fromme geistliche Grundhaltung verfügt. Sie sind gläubige Interpreten und Sachwalter dessen, was Gott will; durch ihre Lehren und durch ihre Beispiele sollt ihr Gottes Willen erlernen. Noch nie war es notwendiger seine Lebensführung nach dem leuchtenden Vorbild der Heiligen auszurichten, denn noch nie war die Wahrheit in den Worten und Werken der Menschen so wenig verbreitet wie in der heutigen Zeit. Selbst diejenigen, die die Seelenführer der anderen sein sollten und deren Tugendhaftigkeit man für die vorbildlichste hält, werden so sehr geblendet von dem, was ihnen ständig vor Augen steht, dass sie sich kaum mehr vorstellen können, etwas zu tadeln, das von der allgemeinen Praxis geduldet wird.

Man kann demnach mit den Worten der Heiligen Schrift sagen, dass ihre Sorge darin besteht, den Ellenbogen der Sünder Kissen unterzulegen statt deren Häupter mit Sack und Asche zu bedecken. Aber all dies darf euren Glauben und eure Frömmigkeit nicht ins Wanken bringen. Ihr wisst, dass vor langer Zeit vorhergesagt wurde, dass es Tage der Not und Bitterkeit geben wird und dass, wenn Gottes Sohn zum zweiten Mal auf diese Welt kommt, unter den Menschen kaum noch Glaube zu finden sein wird. …

So nehmt also, meine Brüder, – in den Dingen, die euer Ordensleben betreffen – Abstand von den gängigen Meinungen und Lehrsätzen! Handelt und denkt, wie es nur noch eine Minderheit tut. Versucht mit ganzer Sorgfalt und Anstrengung euch der kleinen Zahl gleichförmig zu machen, denn diese ist die Zahl der Auserwählten Jesu Christi.

Schließlich, meine Brüder, lobt Gott dafür, dass Er euch für seine heiligen Wahrheiten empfänglich gemacht hat; preist Ihn dafür, dass Er euch allen zusammen das Verlangen geschenkt hat, diese in die Tat umzusetzen; bittet Ihn durch euer immerwährendes Gebet um die Kraft, dem Sturzbach gegenteiliger Lehren Widerstand zu leisten. *„Preist Gott vor den Augen aller Lebenden für die Wohltat, die Er euch erwiesen hat.*“ Arbeitet darauf hin, dass eure Treue eure Danksagung darstellt und eure Dankbarkeit in euren Werken zum Ausdruck kommt. Gestaltet, wie es ja auch euer Stand vorschreibt, eure Lebensführung so makellos und so heilig, dass man in ihr überall Zeichen Seiner Barmherzigkeit erkennt. Sie soll den Menschen zur Erbauung, den Engeln zur Freude und den Teufeln zur Abschreckung dienen. Möge sie immerdar für Jesus Christus ein Gegenstand seines Ruhmes und Triumphes sein!

18. Charakterschwächen und Einsamkeit

Kap. XVII, Frage 1, S. 196 f.

Es ist sicher, dass man in der Einsamkeit genauso wie im weltlichen Leben seine Leidenschaften pflegen und seinen Begierden nachleben wird, es sei denn, Unterhaltungen und Gespräche sind daraus gänzlich verbannt.

- Ein **Angeber,** der auf Grund der Fehlhaltung seines Herzens sich selbst herausstellen und als besonders befähigt gelten will, wird auch in seinem Kloster seiner Neigung entsprechend leben können, wenn er dort die Gelegenheit hat zu reden und zwölf seiner Mitbrüder für ihn eine zahlreiche Zuhörerschaft darstellen.
- Ein **Ehrsüchtiger** wird die Aufgaben des Klosterlebens, so niedrig und gemein sie auch sein mögen, als hochbedeutsame Beschäftigungen ansehen.
- Ein **Querkopf** wird dort Intrigen und Parteilichkeiten verursachen und zwar mit solchem Eifer, als handele es sich um einen politischen Umsturz.
- Ein **Choleriker** wird ständig Gelegenheit zu Wutanfällen haben.
- Ein **Lüstling** zum Wiederaufleben seiner üblen Begierden.
- Ein **Verleumder** zur Verbreitung der Bösartigkeit seines Giftes.
- Ein **unruhiger Geist** wird Streitereien und Gerüchte verursachen.
- Ein **Schwätzer** wird seine Märchen an den Mann bringen.
- Ein **Gefallsüchtiger** wird versuchen eigene Freundschaften zu knüpfen.

Letztendlich wird jeder auch im Kloster seinen Neigungen und Veranlagungen folgen. Diese werden sich nur auf einer anderen Bühne abspielen und einen engeren Spielraum haben. Aber anstatt aufgehoben zu werden, werden sie sich noch lebendiger und brennender regen.

Das einzige Mittel, um jenen Verirrungen entgegenzuwirken, besteht darin, die Kommunikation mit anderen aufzugeben und durch die Einhaltung des Schweigegebotes Beziehungen zur Außenwelt zu verhindern. Denn in dem Moment wo die natürliche Veranlagung weder Gelegenheit noch Hoffnung hat sich auszuleben, wird sie aufhören zu bestehen und ihre Gewohnheiten und Neigungen werden absterben, wenn sie nichts mehr findet, was sie stärkt und unterstützt.

19. Mittel und Wege zur Vollkommenheit der Mönche.

Kap. VI, S.144

Gott, dessen Weisheit und Barmherzigkeit unendlich sind und der, indem Er die unterschiedlichen Bedingungen schafft, in die Er seine Auserwählten beruft, alles zu ihrer Heiligung vorbereitet hat, hat auch die notwendigen Mittel bereitgestellt, um die Pflichten ihres Standes zu erfüllen. Es gibt überhaupt keinen Beruf (ich spreche nicht von denen, die die Begierde der Menschen in die Welt eingeführt hat), mit dem er in dieser Absicht nicht spezielle Mittel und besondere Gnadengaben verbunden hat.

19. Mittel und Wege zur Vollkommenheit der Mönche.

Gott führt die Menschen gar nicht in Versuchung; Er weiß nicht, was es bedeutet, ihnen Fallen zu stellen. Er befiehlt ihnen keine unmöglichen Dinge und die Verpflichtungen, die Er ihnen auferlegt, übersteigen nie deren Kräfte. Denn da der Ordensstand ein Auftrag ist an die, die Er dazu bestimmt und beruft, versäumt Er es auch nicht, ihnen alle passenden Hilfen zu geben und ihnen alle notwendigen Wege zu eröffnen, um sie zu dem Ziel gelangen zu lassen, für welches Er sie bestimmt. Wenn Ordensleute genug Eifer und Beständigkeit an den Tag legen, um in jedem einzelnen Punkt und im Ganzen der Ordensregel ihre Aufgaben zu erfüllen, wenn sie unter strenger Beachtung von allem, was ihnen vorgeschrieben ist, leben werden, d.h.

- wenn sie inbrünstig in der Liebe zu Gott sind,
- wenn sie ihren Oberen als ihren Vater ansehen und ihm vorbehaltlos vertrauen,
- wenn der Obere sie wie seine Kinder betrachtet und liebt,
- wenn sie ihren Mitbrüdern genau die Liebe entgegenbringen, die sie ihnen schulden,
- wenn sie beflissen sind im Gebet,
- wenn sie gerne demütig im Geiste sind,
- wenn sie ständig an den Tod denken und an das allzeit gegenwärtige göttliche Gericht, jene so heilige und Heil stiftende Zerknirschung des Herzens,
- wenn sie in Zurückgezogenheit leben,

- in Schweigen,
- in asketischer Lebensführung und in Abtötung der Triebe,
- wenn sie körperlich arbeiten,
- wenn sie wachen,
- wenn sie wahrhaft in Armut leben,
- wenn sie Krankheiten mit einer Einstellung ertragen, die der Heiligkeit ihres Standes würdig ist.

Wenn sie all diese Tugenden exakt in die Tat umsetzen, ohne sich auch nur von einem dieser Punkte zu befreien, dann, meine Brüder, seid gewiss, dass sie jene Vollkommenheit, die Gott von ihnen verlangt, auch erreichen, die oberste Stufe der Leiter des heiligen Urvaters erklettern, Reinheit und Lohn ihres Standes erlangen, den Weg zur Glückseligkeit einschlagen und am Ende aus der Hand des gerechten Richters die Krone empfangen, die er nach den Worten des Apostels denen verheißen hat, die im Kampfe standhaft blieben, ihren Glauben bewahrten und das ihnen aufgetragene Werk vollendet haben.

III. Nächstenliebe und brüderliches Leben

20. Man betet Gott nur an, wenn man ihn liebt.

Kap. VII, Frage 2, S. 177 ff.

Ihr wisst, meine Brüder, dass Jesus Christus uns gesagt hat, dass Gott gemäß dem Neuen Bund im Geist und in der Wahrheit angebetet werden will. Dies ist einer der Vorteile, die das Zweite Gesetz gegenüber dem Ersten hat. Der hl. Augustinus lehrt uns weiterhin, dass die wahre Verehrung, die wir Gott schulden, die Frömmigkeit selbst ist und dass wir Gott nur anbeten, wenn wir ihn lieben. Wir müssen ihn also im Geist und in der Wahrheit lieben, um ihm eine wahrhaftige und spirituelle Anbetung entgegenzubringen.

Wir werden Gott im Geiste lieben, wenn wir ihn aus dem innigsten Herzen heraus lieben und sich unsere Seele zu jener höchsten Güte erhebt durch die heiligen Gedanken und Gefühle einer vollkommenen göttlichen Liebe. Und wir werden ihn in der Wahrheit lieben, wenn unsere Liebe wirksam ist, Seinem Willen und all Seinen Geboten entsprechend, nach denen Er, wie Er erklärt hat, von uns geliebt werden will. Diese Gebote, so der hl. Augustinus, bestehen aus folgenden Worten: *„Du sollst den Herrn deinen Gott aus ganzem Herzen lieben … Und deinen Nächsten wie dich selbst, darin besteht die Grundregel der Liebe zu Gott. Du sollst deinen Nächsten lieben wie dich selbst, deinen*

Gott aber aus ganzem Herzen"... Um also unsere Liebe echt und wirksam zu gestalten und um Gott in dieser Wahrheit, die Er von uns verlangt, zu lieben, müssen wir Ihn im Sinne dieser Worte lieben: ‚*aus unserem ganzen Herzen'*. Das heißt, wir müssen ihn lieben nach all unseren Kräften, zu jeder Zeit, allerorts und in jeder Lebenslage. Auf ihn müssen wir all unsere Gedanken, all unsere Überlegungen, ja unser ganzes Leben ausrichten.

Die Worte ‚aus unserem ganzen Herzen' weisen darauf hin, dass Ihm alles gehört, sie lassen keinen Freiraum und erlauben nicht, dass eine andersgerichtete Neigung bei uns Einlass findet noch auch nur den kleinsten Platz einnimmt. Im Gegenteil, wenn sich unserem Geist etwas darbietet, was unser Herz in Unruhe versetzt, muss es sich sofort dorthin wenden, wohin es die Glut unserer Liebe tragen muss. … Liebt Gott, wie Kinder ihren Vater lieben; verbindet euch mit Ihm mit ganzer Inbrunst und Begier eures Herzens. Lasst nichts in euch hinein, was sich nicht auf die Ehre Seines Namens bezieht! Sorgt dafür, soweit es menschliche Schwäche und Unbeständigkeit erlauben kann, dass Er der einzige und wichtigste Bezugpunkt all eurer Gedanken ist, das Ziel eurer Worte und Taten! Vernachlässigt nichts von dem, was Er euch vorgeschrieben hat, sei es in Seinem Evangelium, sei es in eurer Ordensregel! Strebt danach, dass die Sorgfalt, mit der ihr Seinem Willen gehorcht, kein anderes Ziel kennt als Ihm zu gefallen!

21. Du sollst den Herrn deinen Gott lieben. (1)

Kap. VII, Frage 1, S. 153 ff.

Aus meiner Sicht, meine Brüder, verweise ich euch auf euch selbst: erforscht euer eigenes Gewissen, betrachtet mit heiliger Aufmerksamkeit all die Dinge, die Gott zu euren Gunsten gemacht hat, nach Maßgabe seiner Gnade sowie der Natur .... Dann wird euer Herz berührt werden und ihr werdet keine andere Aufgabe oder Vorschrift kennen als die, Ihn zu lieben.

Euer ganzer Trost wird darin bestehen, euer Herz vor Ihm auszubreiten. Ihr werdet nie über genügend Zeit noch über genügend Mittel verfügen, um Ihm eure Dankbarkeit zu bezeugen. ...

Obwohl dieses Gesetz unvergänglich ist, obwohl wir es in der Tiefe unseres Herzens eingraviert tragen und obwohl es für jede vernunftbegabte Kreatur ebenso wesentlich ist, Ihn zu lieben wie Ihn anzubeten, hat es Gott nicht unterlassen daraus ein Gebot zu machen, welches Er von wichtigen Bedingungen begleitet wissen wollte, so dass Er in uns tiefere Eindrücke hinterließ, um uns zu befähigen, der Verderbtheit des menschlichen Herzens Widerstand zu leisten und seiner Unbeständigkeit Einhalt zu bieten.

Und damit die Menschen darin nicht nur eine Verpflichtung und eine Notwendigkeit erkennen, sondern die ganze Reichweite, hat Er sich nicht damit begnügt zu sagen ‚Ihr sollt den Herrn euren Gott lieben'.

Um uns zu zeigen, dass wir Ihn lieben müssen mit einer Liebe, die keine Grenzen, kein Maß und keinen Vorbehalt kennt, fügt Er folgende Worte hinzu: ‚aus ganzem Herzen, aus ganzer Seele und mit all deinen Gedanken.' Kurz gesagt: mit allen euch zu Verfügung stehenden Kräften.

Diese für dieses Gebot, das wichtigste und notwendigste von allen, so wesentlichen Zusätze finden sich an unzähligen Stellen im Alten und Neuen Testament.

Diese im Alten Testament so deutlich zum Ausdruck gebrachte Verpflichtung erscheint im Neuen Testament mit eben so großer Offenkundigkeit, und man sieht sie dort in solcher Klarheit, dass der hl. Augustinus sagt, das neue Gesetz fordere nur Eins, nämlich zu lieben. Es ist gewiss, dass wir nichts Eindringlicheres in den Worten Jesu Christi, an allen Stationen Seines Lebens und Sterbens und in den Anweisungen, die wir von Seinen Aposteln erhalten haben. Und überall werden wir dieser Botschaft gewahr, die Jesus Christus selbst an die Menschen gerichtet hat, als er sagte: *„Ich bin gekommen, um Feuer göttlicher Liebe auf die Erde zu werfen; kann ich anderes wollen, als dass es sich entzünde?"*

22. Du sollst den Herrn deinen Gott lieben. (2)

Kap. VII, Frage 2, S.173 ff.

Als Gott uns dieses Gebot erteilt hat: ‚Du sollst den Herrn deinen Gott lieben', wollte Er klar zum Ausdruck bringen, dass wir verpflichtet sind Ihn aus ganzem Herzen zu lieben, so weit dessen Liebe reicht und so viel in unserer Macht steht, d.h. mit allem, was wir können und wozu wir fähig sind.

Wir lieben Ihn von ganzem Herzen, wenn wir uns Ihm mit allen Regungen unseres Herzens vereinen und an Ihn unsere ganze Zuneigung binden. Wir lieben Ihn mit all unseren Gedanken, wenn sich unser Denken mit Ihm beschäftigt, wenn Er Hauptbezugspunkt unserer Gedanken ist und wenn es unsere Hauptaufgabe ist, Seine schöne Schöpfung zu betrachten und über Seine ewigen Wahrheiten nachzudenken. Wir lieben Ihn aus ganzer Seele, wenn wir auf Ihn schauen unter Aufbietung aller Fähigkeiten unserer Seele und wenn wir unser ganzes Menschsein, das innere wie das äußere, darauf verwenden, Ihm zu dienen und Ihm zu gefallen. Wir lieben Ihn mit all unseren Kräften, wenn wir Ihn im Gehorsam allem gegenüber, was Er uns vorgeschrieben hat, vor Augen haben und unter Beachtung auch des Geringsten Seiner Gebote Ihn als den alleinigen Sinn unseres Lebens betrachten, gemäß dem Wort des Apostels: „*Alles, was ihr in Worten und Werken tut, geschehe im Namen Jesu Christi*."

Glaubt also nicht, meine Brüder, dass man diesem Gebot durch einen rein äußerlichen Gehorsam genügt, durch Einhaltung des Gesetzes, durch Frömmigkeitsübungen, auch nicht durch eine buchstabengetreue Befolgung der Vorschriften, so genau sie auch sein mag, wenn sie nicht von der Liebe zu Ihm getragen ist und auf Ihn als letztes Ziel gerichtet ist.

Bildet euch nicht ein, dass die Exaktheit, mit der ihr alle Ordensregeln einhaltet, eure unablässige Hingabe beim Fasten, Wachen, körperlicher

Arbeit, Bußübungen, Schweigen und andere Kasteiungen genügen, um euch dieser Verpflichtung zu entledigen. Die Gottesliebe muss ganz von innen heraus kommen; wenn sie sich auch in Werken ausdrückt und sich durch unsere Sinneswahrnehmungen nach Außen bekundet, wohnt sie nichtsdestoweniger im Herzen, das Herz ist es, welches in Wahrheit liebt. Liebe ist eine Regung des Herzens; wenn das Herz nicht beteiligt ist, gibt es auch keine wirkliche Liebe.

23. Die Caritas der Mönche (1)

Kap. X, Frage 1, S. 315 ff.

Wenn auch eine allgemeine Verpflichtung darin besteht, dem Nächsten den Weg zu einem tugendhaften Leben zu weisen, und wenn auch Jesus Christus Sein Wort an alle Menschen gerichtet hat, als Er diejenigen verfluchte, die Anderen zum Fall und zum Ärgernis gereichen, ist sie doch eine Aufgabe, die ganz besonders die Mönche betrifft. Sie sind stärker als Andere verpflichtet, Beispiele der Erbauung zu geben.

23. Die Caritas der Mönche (1)

Da ihre Caritas ganz in der Zurückgezogenheit wirkt und keineswegs durch jene Vielfalt guter Werke, die fromme Laien zu tun gewohnt sind, an die Öffentlichkeit dringt, muss sie also noch lebendiger und inbrünstiger sein, damit sie in der Zurückgezogenheit des Klosters das zu tun imstande ist, was Mönchen in der Öffentlichkeit zu leisten verwehrt ist. Da sie keine Gelegenheit haben, anderen beizustehen, worin die Laien ihre Art der Nächstenliebe ausdrücken, da der Mönchsstand sie von Gegebenheiten abschottet, die solche Hilfeleistungen erforderlich machen, und weil die gute Klosterordnung für alle ihre Bedürfnisse sorgt, müssen sie all ihr Bemühen und ihre makellosen Zuneigungen, die sie füreinander hegen, darauf reduzieren, sich die unerschütterlichen und wahrhaftigen Güter zu erwerben; damit will ich sagen, dass sie untereinander für ihr Seelenheil arbeiten sollen. Und da sie striktes Schweigen bewahren, so dass sie sich weder gegenseitig ermahnen noch einander heilsame Ratschläge geben können, und ihnen jedwede Kommunikation mit Worten untersagt ist, müssen sie durch ihr tätiges Beispiel erreichen, was sie mit Worten nicht können, und durch ihr vorbildhaftes Auftreten zum Ausdruck bringen, was ihr Mund nicht sagen darf. Ihre Lebensführung soll so geregelt, so untadelig und so heiligmäßig sein, dass ihre Mitbrüder nicht nur daraus lernen, sondern Kraft für die Ausübung ihrer Pflichten schöpfen können. Jeder muss sich schon allein durch den Anblick seiner Mitbrüder stützen und trösten, so dass diejenigen, die sich auf dem Weg der Wahrheit befinden, oder selbst die, die ihn noch nie kennen gelernt haben, eine völlig neue Kraft erfahren, wenn sie vor sich diejenigen sehen, die ihnen vorangehen, und dass diejenigen, die das Unglück hatten, vom Weg abzukommen, mit mehr Inbrunst und Eifer als vordem auf ihn zurückfinden.

24. Die Caritas der Mönche (2)

Kap. X, Frage 1, S. 317 ff.

Wahre Ordensleute sind untereinander so eng verbunden, dass es scheint, bei ihnen werden folgende Worte Jesu Christi auf vollkommene Weise verwirklicht: *„Ich habe ihnen die Herrlichkeit gegeben, die du mir gegeben hast; denn sie sollen eins sein, wie wir eins sind."* Sie haben, wie der hl. Basilius sagt, den einen Geist, eines Herzens, eines Willens. Fügen wir noch hinzu: sie haben die gleiche Aufgabe, die darin besteht, Jesus Christus zu dienen und gegen die Feinde Seines Namens und Seines Ruhmes zu kämpfen, ohne jemals die Waffen niederzulegen. Sie sind also in den gleichen Bemühungen engagiert, in ein und demselben Kampf, den gleichen Gefahren ausgesetzt; jeder wird ständig von seinem Mitbrüder mit Blicken begleitet und ist selbst Zeuge von dessen Tun.

Und da Furchtsamkeit und Schwäche eines Einzelnen eine allgemeine verlustreiche Schwächung verursachen kann und im Gegensatz dazu Mehrere ihre Kraft und ihr Glück in der Vertrauenswürdigkeit und in der Treue eines Einzelnen finden können, muss ihre Verteidigung einträchtig und beständig sein. Wenn sie Hand in Hand vorgehen, wenn die Starken die Schwachen unterstützen, wenn die Standhaftesten den Schwankenden neue Sicherheit geben, damit alle im gleichen Bemühen und im gleichen Eifer vereint sind, werden sie einen gemeinsamen Sieg erringen, die gleiche Krone erwerben und ihren Kampf mit einem vergleichbaren Erfolg beenden. Seid also davon überzeugt, dass derjenige die Sache seines Herrn verrät, sich von seinen Brüdern trennt und Heil aufgibt, der es unterlässt sie durch sein Beispiel zu ermutigen.

25. Gottesliebe und Dankbarkeit

Kap. VII, Frage 1, S. 162

Was Gott uns durch das Wort Seines Sohnes hat wissen lassen, hat dieser uns während Seines Wirkens auf Erden gelehrt. Denn seit Er uns sagte, dass Er die Menschen so sehr geliebt hat, dass Er seinen eigenen Sohn in die Welt sandte, damit jeder, der glaubt, keinesfalls verloren gehe, sondern das ewige Leben habe, können wir nicht mehr daran zweifeln, mit welcher Liebe wir verpflichtet sind, Ihn zu lieben, denn wir wissen genau, dass unendliche Gnade unbegrenzte Dankbarkeit verdient und einfordert. Dankbarkeit ist eine Grundhaltung der Gerechtigkeit und Liebe in einem. Es handelt sich um eine Regung des Herzens, die sich nach dem Wesen der Gnade, nach dem Beweggrund und der Persönlichkeit dessen ausrichtet, der sie verleiht. Und da es nichts Grenzenloseres hierin gibt, ist das Geschenk Jesus Christus selbst: „*Filius datus est vobis,*“ wir empfangen es aus der liebenden Hand des Vaters: „*Gott aber hat uns, die wir infolge unserer Sünden tot waren, in seiner großen Liebe, mit der er uns geliebt hat, zusammen mit Christus wieder lebendig gemacht.*“ Und folglich muss auch die Dankbarkeit, die dem entspricht, grenzenlos sein.

Wenn dies aber nicht möglich ist, weil der Mensch, der von Natur aus begrenzt ist, dies auch hinsichtlich seiner Gefühlswelt und seiner sonstigen Veranlagung ist, dürfen wir nicht darüber im Unklaren sein, dass der Mensch seinem Wohltäter und seinem Gott gegenüber die ganze Dankbarkeit schuldet, derer er fähig ist, und verpflichtet ist, Ihn zu lieben aus ganzem Herzen mit all seinen Kräften. …

Deshalb hat uns die Kirche nichts Bewegenderes zu sagen, wenn sie in ihrem Willen, bei ihren Kindern Liebe und Frömmigkeit zu entzünden, nachdem sie ihnen die Gnadengaben, die Gottes Barmherzigkeit ihnen verliehen hat, ins Gedächtnis zurückgerufen hat, mit derjenigen abschließt, die Höhepunkt und Vollendung aller anderen Gnadenerweise ist, und in ihrem Gebet zu Ihm voller Mitgefühl ausruft: „*Herr, Du hast Deinen eigenen Sohn dahingegeben, um Deinen Knecht freizukaufen.*“

26. Von der Pflicht zum Gebet für die Mitbrüder

Kap. X, Frage 3, S. 322 ff.

Da ihr keinen Zweifel hegt, dass ihr verpflichtet seid, eure Mitbrüder wie euch selbst zu lieben, und die Liebe, mit der ihr euch selbst liebt, das Maß derjenigen ist, mit der ihr sie lieben müsst, müsstet ihr über die Notwendigkeit und den Nutzen des Gebets alles wissen, über das, was es zu leisten imstande ist für eure eigene Heiligung, so solltet ihr wissen, dass ihr verpflichtet seid, es an Gott zu richten zum Zweck der Heiligung eurer Mitbrüder.

Da die Praxis und auch die Belehrung der Heiligen Wüstenväter uns gelehrt haben, dass ihr von Gott alle Gnadengaben erlangt, derer ihr bedürft, um in beständiger Treue in Seinem Dienst auszuharren, müsst ihr zwangsläufig daraus folgern, dass es für euch eine besondere Verpflichtung darstellt, euch vor Gott desselben Mittels zu bedienen, um für eure Mitbrüder die gleichen Güter und Vorteile zu erreichen. Ansonsten wäret ihr weit davon entfernt sie zu lieben, wie Christus es euch aufgetragen hat, und die Liebe, die ihr ihnen gegenüber zu erweisen behauptet, wäre sehr verschieden von der, die ihr für euch selbst habt. Ihr müsst euch also um die Nöte eurer Mitbrüder kümmern und euch von ihren unterschiedlichen Lebensumständen und Veranlagungen rühren lassen.

Vor Gott müssen wir über deren Not seufzen, Ihm auch danken für alles Gute, das ihnen widerfährt. Gemeinsam mit ihnen müssen wir zu Ihm beten und uns als Bestandteil eines Leibes betrachten, von dem wir alle Glieder und Teile sind.

Habt keine Angst, dass das, worum ihr für eure Mitbrüder bittet, an die Stelle dessen tritt, worum ihr für euch selbst zu bitten vorgebt, und dass Gott für euch das abzieht, was ihr für eure Mitbrüder durch euer Gebet erlangt habt. Meint nur gar nicht, dass ihr für euch Zeit vergeudet, die ihr vor Gott zu ihren Gunsten aufwendet. Seid dagegen überzeugt, dass ihr eure Interessen bei Ihm niemals mehr voranbringt, als wenn ihr Ihm die Interessen eurer Mitbrüder vortragt.

27. Gebet und Einheit der Ordensbrüder

Kap. X, Frage 3, S. 326/7

Ihr müsst sehr wohl wissen, meine Brüder, was der hl. Cyprian uns lehrt: „*Der Gott des Friedens und der Lehrer der Eintracht, der uns gelehrt hat, was Einheit bedeutet, wollte, dass ein Einzelner für alle Menschen so betet, wie Er selbst alle Menschen in Einem vereint hat*“…: Gott, der in einem gemeinsamen Haus diejenigen wohnen lässt, die eines Geistes sind, wird in Seinen ewigen Wohnungen nur die aufnehmen, die eins sind durch ihr gemeinsames Gebet. Wenn dieser große Heilige so zu allen Christen spricht, was würde er dann erst zu Mönchen sagen, die Gott nur deshalb zusammengeführt hat, um die so heilige und vollkommene Gemeinschaft wieder entstehen und aufleben zu lassen, die sich unter den Christen der frühen Kirche zusammenfand?

Ihr bildet eine Einheit, meine Brüder, in euren Übungen, in den Observanzen, in euren Beschäftigungen; Tag und Nacht seid ihr zusammen; ihr habt nichts, was euer Eigen ist; es gibt nichts, was ihr nicht mit euren Mitbrüdern gemeinsam habt; dies alles unterstreicht, von welcher Art die Einheit des Willens, des Herzens und des Geistes sein muss. Aber seid euch dessen sicher, dass sie niemals weder wahrhaftig noch ehrlich sein wird, wenn sich diese Einheit nicht in eurem Gebet wieder findet und ihr nicht ebensoviel Sorgfalt aufbringt, eure Mitbrüder Jesus Christus zu empfehlen, wie ihr sie selbst aufbringen könnt, um euch Ihm ganz anzuempfehlen.

28. Von den Pflichten zur Liebe den Mitbrüdern gegenüber

Kap. 10, Frage 4, S. 327 ff.

Man darf es nicht unterlassen, mit dem Gebet und dem beispielhaften Tun die äußerlichen Dienste zu verbinden, die wie Bande wirken, die Herz und Wollen vereint halten. Durch sie bewahren wir die Liebesgemeinschaft, die unter den Mitbrüdern herrschen muss, und indem wir sie davon überzeugen, dass wir sie lieben, bringen wir sie auch dazu, uns zu lieben. Brüder unterweisen und bauen sich gegenseitig auf durch ihr Beispiel; sie stärken und stützen sich durch das Gebet und durch die äußeren

Zeichen ihrer Liebe, sie verbinden und schließen sich zusammen in der Einheit eines selben Leibes. Ansonsten wäre eine Mönchsgemeinschaft nichts anderes als eine Versammlung von Einzelmitgliedern und unterschiedlichen Parteien, die untereinander weder eine Beziehung noch Bindung noch wirkliche Kenntnis voneinander haben. Ihr müsst also euren Mitbrüdern so viele Zeugnisse wie möglich von eurer ganz reinen und herzlichen Zuneigung geben und keine Gelegenheit auslassen, sie erkennen zu lassen, dass ihr sie liebt. Die Diener an der Gemeinschaft müssen ihren Dienst mit soviel Fürsorge, Pünktlichkeit und Sorgfalt erfüllen, dass man in ihrem Tun ihre Herzensgüte erkennt.

Wenn es ihre Aufgabe ist, sich um die Kranken zu kümmern, müssen sie in ihnen Jesus Christus erkennen, der in ihrer Person das erleiden will, was Er in seiner Person nicht hat erleiden wollen und der durch alle Schwächen, Schmerzen und andere Begleitumstände der Krankheiten, mit denen Er sie heimsucht, das zur Vollendung bringt, was Ihm noch zur Vervollkommnung seiner eigenen Leiden fehlt.

…

Aber, wenn sich in den kranken und schwachen Mitbrüdern Jesus Christus zeigt, ist Er auch nicht weniger in denen, die sie trösten und sich dafür einsetzen, ihnen zu helfen. … Folglich müssen sie sich mit gleichem Respekt, gleicher Liebe und Wertschätzung betrachten. Wenn sich die einen glücklich schätzen, ihren Mitbrüdern zu dienen, müssen die Anderen sich für unwürdig halten, von ihnen bedient zu werden.

Was die Ordensleute angeht, die keiner aktiven Betätigung nachgehen noch die Gelegenheit haben, ihren Mitbrüdern solche Erweise ihrer Liebe zu liefern, sollen sie doch untereinander in solch vollkommenem und dauerhaftem gegenseitigen Verständnis leben, das es nicht die geringste Trübung erleidet. Jeder soll seinen Mitbruder als seinen Oberen ansehen, sich dessen Anliegen nicht verschließen, immer bereit sein, seinen eigenen Willen aufzugeben, um den des Anderen zu tun und ihm mit Respekt und Wertschätzung zu begegnen.

Jeder soll die mühsamsten Arbeiten auf sich nehmen, um dem Anderen Erleichterung zu verschaffen, und selbst als Schuldiger gelten wollen, damit der Andere als Unschuldiger erscheint.

Schließlich soll er, wie der hl. Basilius es ausdrückt, sich allem Guten und allem Übel, was einem Mitbruder begegnen kann, gegenüber empfindsam zeigen und die unterschiedlichen Lagen, in denen er ihn vorfindet, zum Gegenstand des eigenen Schmerzes oder der eigenen Freude machen.

29. Caritas und Kommunität

Kap. X, Frage 5, S. 331ff.

Die Nächstenliebe ist Bindeglied und Basis der Klostergemeinschaften. So wie sie diese bildet, erhält sie diese und führt dazu, dass die Mitbrüder in vollkommenem Einklang und Verständnis füreinander leben und eines Geistes, eines Herzens und eines Willens das Joch des Herrn tragen. Sie müssen der Überzeugung sein, dass die gegenseitige Rücksichtnahme und Unterordnung die Liebe mehr aufrecht hält und mehr als alles andere jedwede Störung und Veränderung verhindert. Diese Überzeugung dient als mächtiger Anreiz zu gegenseitigen Erweisen von Nächstenliebe und zur Wahrnehmung jeder Gelegenheit zu sofortigem und genauem Gehorsam.

Davon müssen alle überzeugt sein, die Gottes Ruf in Klöster geführt hat mit den gleichen Gelübden und unter den gleichen Ordensregeln. Diese Personen, die verpflichtet sind, nach höchster Vollkommenheit zu streben, müssen untereinander einen so umfassenden und von Herzen kommenden Gehorsam an den Tag legen, dass sie bei den kleinsten Hinweisen auf ihre Gedanken sich gegenseitig Gehorsam leisten mit derselben Unverzüglichkeit, als ob es sich darum handele, den Auftrag des Oberen auszuführen. Dies soll so genau befolgt werden, dass sich selbst die Alten den Jüngeren mit Vergnügen unterwerfen, ohne dass ihr Alter oder ihre länger zurückliegende Profess sie davon abhält.

30. Leben in der Kommunität, Paradies, Einöde...

Kap. XVI, Frage 24, S. 171 ff.

Jesus Christus hat stets die Wüste als seinen Lieblingsaufenthaltsort angesehen. Sie ist der Ort, wo Er alle seine segensreichen Gaben versammelt hat. Es ist der Ort, wo die Einsiedler die Wonne Seines Herzens waren, wo Er von Anbeginn der Welt wie über Seine Engel herrschen wollte, und die Wüste war wie ein neuer Himmel, in der es Ihm gefiel, sich ein Königreich zu errichten. Und wahrhaftig, meine Brüder, können wir nicht behaupten, dass das, was sich im Himmel ereignet, auch in den Klöstern geschieht, wenn es der Geist Jesu Christi ist, der sie leitet. In der Tat, wenn die einzige Beschäftigung der Heiligen im Himmel darin besteht, Gott zu schauen, zu lieben und unablässig zu loben …, können wir dann nicht gleichermaßen sagen, dass das ganze Bestreben der Mönche dahin geht, Seine Gegenwart nicht zu verlieren, und dass sie bei aller Verschiedenheit ihrer asketischen Übungen nur das eine Ziel und den einen Wunsch haben, nämlich Ihm zu gefallen und Ihm ihre Liebe zu erweisen? …

Jesaja sagt dass die Heiligen ein Land bewohnen werden, wo es keine Anfeindung, keine Klage und keine Trauer geben wird und die Freuden von ewiger Dauer sein werden. Können wir nicht dasselbe über eine vollkommene Klostergemeinschaft denken?

Da die Ordensbrüder dort in der Liebe zu Jesus Christus verbunden sind, kein Eigeninteresse haben, welches sie trennt, und in

Allem eine Einheit bilden, so befinden sie sich auch in einem tiefen Frieden. Die Reinheit ihres Gewissens macht ihre Ruhe unveränderlich und die Tröstungen, die sie genießen, erhalten immer wieder neue Kraft und erneuern sich ständig durch die Tränen, die sie vergießen, bei dem Gedanken, bei Gott Barmherzigkeit gefunden zu haben, und genauso bei der Erinnerung an ihre Sünden.

Schließlich, meine Brüder, gibt es auf Erden nichts, was diesem ewigen Sabbat nur annähernd gleichkommt, noch etwas, was uns lebendiger die vollendete Glückseligkeit der Heiligen vor Augen stellt, als ein Leben, welches man in einer klösterlichen Gemeinschaft bei Einhaltung der wahren Ordensregeln führt. Und man kann sagen, dass man dort die Erfüllung folgender Worte Jesajas sieht: *„Seine Wüste macht er wie Eden, seine Öde wie den Garten des Herrn. Freude und Fröhlichkeit findet man dort, Lobpreis und den Klang von Liedern.“*

Zugegebenermaßen verdienen jene beklagt zu werden, die, anstatt so unverrückbare Wahrheiten auszukosten, sie zu lieben und deren Vorzüge zu nutzen, an nichts denken, was mit dieser Gnadengabe in Beziehung steht, sondern die durch ihre ganze Lebensführung davon Zeugnis geben, dass die Liebe zu den weltlichen Dingen sie ganz in Beschlag nimmt und in ihren Herzen den Platz und den Rang einnimmt, den die Liebe nach einem Leben in Zurückgezogenheit einnehmen sollte.

31. Die Rangordnung der Caritas (Gottes- und Elternliebe)

Kap. XVI, Frage 13, S. 90-91

Da die Güter, welche die Klöster von der verschwenderischen Liebe Gottes empfangen haben, den Ordensangehörigen und den Armen gemeinsam sind und für die einen wie die anderen gleichermaßen das Erbe darstellen und es sich um einen Nachlass handelt, der, da er von ein und demselben Vater stammt, unter ihnen wie unter Brüdern geteilt werden muss, ist es gewiss, dass Eltern, wenn sie arm sind, daran teilhaben und dass es eine Erbschaft ist, auf die sie Anspruch haben und wovon sie vor anderen Armen ihren Lebensunterhalt sichern und alles Notwendige zum Überleben nehmen sollen. Weil die einzige Beschäftigung des Mönches darin besteht, Tag und Nacht über Gottes Gesetz nachzusinnen, Sein Wort zu hören und sich in der Zurückgezogenheit

seines Klosters durch die Übungen, die seine Profess ihm auferlegt, zu heiligen, betrifft ihn die Anwendung dieser Art tätiger Liebe überhaupt nicht: dies ist – nach dem hl. Basilius – eine Aufgabe, die den Oberen der Kongregation angeht. Die Verpflichtung ist für einen Ordensbruder in dem Moment erloschen, wo er sein Leben ganz Jesus Christus geweiht hat, und ist in anderer Form auf die Person übergegangen, die das Kloster leitet.

Er allein verwaltet eigenständig die Verteilung des Besitzes, der für diejenigen bestimmt ist, die wirklich arm sind, ohne Beteiligung, ohne Einmischung und selbst ohne Wissen des Ordensbruders.

Kap. XVI, Frage 14, S. 96-97:

Jedermann muss darin übereinstimmen, meine Brüder, dass Gott hinsichtlich der Caritas eine feste und unverrückbare Rangfolge eingerichtet hat. Wenn Er auch das einzige Objekt unserer Liebe ist und ihr letzter Zielpunkt sein muss, so wie Er auch ihr Ursprung ist, gibt es trotzdem Menschen, die uns mehr oder weniger nahe stehen, die wir lieben dürfen und durch die hindurch unsere Zuneigungen und Wünsche wie durch ein Medium gehen, um zu Ihm als letztem Ziel aufzusteigen. Denn wenn wir etwas außer Ihm lieben, das wir nicht um Seinetwillen lieben, lieben wir Ihn nicht in der rechten Weise, wie der hl. Augustinus sagt. Hinsichtlich dieser unterschiedlichen Objekte gibt es eine gewisse Rangfolge, die sich nie ändert, nach der sie in unseren Herzen unterschiedliche Plätze einnehmen und bei denen wir die einen vor den anderen bevorzugen, was die Unterschiedlichkeit und die Ungleichheit in der Ausübung unserer Pflichten ausmacht. Gott ist also Hauptorientierungspunkt und nimmt den ersten Rang in der Caritas ein. Reden wir nicht von dem, was wir uns selbst schulden. Danach kommen unsere Eltern, dann unsere Mitbrüder, unsere Verwandten und die Übrigen. Diese Verpflichtungen sind überall gültig, nichts verändert sie und nie gerät die eine einer anderen zum Schaden.

Aber obwohl es nicht eintreten kann, dass die Liebe, die wir Gott entgegenbringen, jene zu unseren Eltern zunichte macht, noch die, welche wir unseren Eltern schulden, die Pflichten gegenüber unseren Mitbrüdern außer Kraft setzt, kommt es trotzdem oft vor, dass die Ausübung dieser Pflichten und die Art ihrer Erfüllung in sich gegensätzlich und unvereinbar sind, so dass die Unterstützung die wir unseren Mitbrüdern leisten möchten, durch die, die unsere Eltern von uns fordern, beeinträchtigt wird und dass der Dienst, den wir Gott gegenüber leisten und der uns an Ihn bindet, uns von allen anderen Verpflichtungen nach außen hin zurückhält.

Zu Unrecht würde man daraus folgern, das Naturrecht würde dadurch außer Kraft gesetzt und die sich daraus ergebenden Verpflichtungen würden beeinträchtigt werden. Denn in Wirklichkeit bleiben sie unverändert. Nur ihre Ausübung ist unterbrochen; die gewöhnlichen Mittel, derer wir uns vielleicht bedienen können, um ihnen zu genügen, sind aufgehoben, aber die Verpflichtung bleibt in vollem Umfang bestehen. Das Naturrecht wird also nicht verletzt. Und in der Zeit, wo die Sorge, die wir unseren Eltern schulden, uns daran hindern und uns davon entbinden, unseren Mitbrüdern spürbare Erweise zu zeigen von der Liebe, die wir ja für sie in uns tragen, hört unser Herz nicht auf, ganz vom Wunsch beseelt zu sein, sie zu unterstützen.

Kap. XVI, Frage 17, S. 130 ff.

Es ist wahr, meine Brüder, was wir bei Jesaja lesen: *„Verachtet in keinem Fall eure Nächsten“,* oder beim hl. Paulus in seinem Brief an Timotheus: *„Wenn jemand für seine Verwandten, besonders für die eigenen Hausgenossen, nicht sorgt, der verleugnet damit den Glauben und ist schlimmer als ein Ungläubiger.“* Unser Herr sagt auch im Gespräch mit den Pharisäern: *„Warum übertretet ihr im Namen eures Gesetzes Gottes Gebot?“* Der hl. Basilius geht auf die beiden ersten Zitate ein und sagt dazu, dass diese Worte an diejenigen gerichtet sind, die in der Welt leben, und nicht an die, die auf sie verzichtet haben. …

Hier muss man hinzufügen …, dass der Ordensbruder, der weder persönlich noch über sein Vermögen seine Eltern unterstützen kann, durch die Sorge seines Oberen und durch das Einkommen seines Klosters dennoch nicht davon Abstand nimmt, sie zu unterstützen und er somit nicht zur Gruppe derer gehört, auf die dieser Vorwurf der Schrift zutrifft.

Kap. XVI, Frage 21, S. 145 ff.

Ist es nicht eine göttliche Vorschrift, seinen Vater zu lieben und zu ehren und gibt es folglich keinen Dispens davon? …

31. Die Rangordnung der Caritas (Gottes- und Elternliebe)

Wenn es eine göttliche Vorschrift gibt, die uns befiehlt unsere Eltern zu lieben, so gibt es auch eine, sie zu hassen, und diese darf nicht mit weniger Hingabe beachtet werden als jene. …

Dies scheint ein Widerspruch zu sein. Doch ist es leicht, beide Willensbekundungen Gottes miteinander in Einklang zu bringen. In Wirklichkeit befinden sich darin keine Gegensätze, wenn man bei der Vorschrift das Unveränderliche vom Veränderlichen unterscheidet. Es steht fest, dass der Auftrag, seinen Vater zu lieben, ihn zu ehren und zu unterstützen, sich weder in seiner Substanz noch dem Wesen nach verändern kann. Und Gott wird niemals bei den Kindern diese Grundhaltung noch diesen Bezug der inneren Zuneigung und Dankbarkeit gegenüber den Eltern zunichte machen. Was aber die Praxis dieser Verpflichtung angeht, so kann Er sie verändern. Sie hängt von Zufälligkeiten und Gegebenheiten des Lebens ab und Gott kann, wenn Er zu seinem Ruhm für wichtig erachtet, davon zeitweise suspendieren bzw. sie für immer außer Kraft setzen.

Obwohl die ewig wahren Vorschriften nie miteinander in Widerstreit liegen und die Liebe, die wir Gott schulden, nie der Eltern-Liebe entgegensteht, gibt es trotzdem oft Unvereinbarkeit in der Ausübung dieser Pflichten.

Es kommt vor, dass die Liebe zu Gott Kinder zu Handlungen verpflichtet, die dem, was die Eltern-Liebe von ihnen fordert, entgegengesetzt sind. In diesem Fall bevorzugt man den Willen Gottes und führt ihn aus, ohne dem Gesetz Abbruch zu tun, das uns gebietet, unsere Eltern zu lieben. Ich sage, dass sie sich nur scheinbar ausschließen, weil sie es in Wirklichkeit nicht tun, da es keine wahrhaftige Liebe gibt, die nicht dem Gebot Gottes unterliegt und die nicht dem Grundzug Seiner göttlichen Absichten entspricht.

So werden wir nach den Worten der Schrift als solche bezeichnet, die ihre Eltern hassen, wenn wir sie verlassen, um Jesus Christus nachzufolgen, oder wenn wir ihnen die Unterstützung und Hilfe verweigern, zu der uns das Naturgesetz und die natürliche Zuwendung drängt. Und diese nach außen so scheinende Hartherzigkeit wird, obwohl sie ganz von Liebe geprägt ist, wie eine Art Hass angesehen, weil sie so den Anschein gibt.

Tugenden können sich nicht gegenseitig außer Kraft setzen. Die Wahrheit und die Barmherzigkeit stehen stets in Einklang zueinander und gehen nie verschiedene Wege. Gerechtigkeit und Milde geben einander die Hand. Trotzdem verpflichten sie uns zu Taten und Verhaltensweisen, die widersprüchlich erscheinen. … Kinder können in den Klöstern bleiben, wenn der Anruf Gottes und die Treue zu ihren Versprechen sie dort zurückhält, und ihren Eltern selbst in dringlichster Not ihren persönlichen Beistand verweigern, ohne dabei befürchten zu müssen, in diesem Punkte der vollkommenen Ausübung des Gebotes entgegen zu handeln. Dagegen sind die Klöster verpflichtet, bezüglich der Eltern die Sorge und die Dienste zu übernehmen, die die Kinder aufgrund ihres Standes nicht mehr leisten können.

32. Von der Freundschaft

Kap. X, Frage 9, S. 352 ff.

Freundschaft, die Mitbrüder zueinander haben können, ist entweder nach äußerlichen Bekundungen oder nach der Gefühlslage des Herzens zu beurteilen. Was die sichtbaren Erweise von Freundschaft angeht, müssen sie sicherlich Allen gegenüber von gleicher Qualität sein. Das Zusammenleben Aller muss bestimmt sein von gleicher Güte, Ehrlichkeit, Geduld und Rücksichtnahme. Wenn sich die Gelegenheit bietet, einander Diener und Helfer zu sein, so müssen sie stets den gleichen Eifer, die gleiche Eilfertigkeit und das gleiche frohe Gemüt an den Tag legen und niemals den kleinsten Unterschied und die kleinste Bevorzugung zeigen. Denn vorausgesetzt es gäbe Unterschiede im Verhalten, würden die Schwachen – es wird immer solche in allen Ordensgemeinschaften geben – eine solche Behandlung einer Entfremdung, einer natürlichen Abneigung oder der Verachtung zuschreiben, die man ihrer Person gegenüber hat. Und da die Menschen, die in der Einsamkeit leben, über eine lebendigere und stärkere Vorstellungskraft verfügen als die, die inmitten der Zerstreuungen der Welt leben, und da sie leicht Eindrücke empfangen und sie nur schwer verlieren, verändern sich vielleicht Herz und Geist und

Nichtigkeiten würden, da man so oft darüber nachdenkt, unversöhnliche Missstände verursachen.

Was die Zuneigung des Herzens angeht, kann und muss sie zweifelsohne ungleich sein, so wie es Unterschiede in der Tugendhaftigkeit und bei der Frömmigkeit der Personen gibt: wer davon am meisten besitzt, ist liebenswürdiger und verdient mehr geliebt zu werden. Es ist diesem Gut eigen, anziehend zu wirken. Tugend verfügt über Schönheit und Güte, die es verdienen, dass man sie liebt; sie strahlt eine Anziehungskraft aus, die bei denen, von denen sie erkannt wird, würdig ist, eine Entsprechung zu finden. …

Als die heiligen Urväter sagten, man müsse jeden mit gleicher Liebe lieben, haben sie darunter sicherlich nichts anderes verstanden, als dass man allen Menschen dasselbe Gut gönnen soll, d.h. wünschen, dass Gott sie gleichermaßen glücklich macht, ihnen Anteil an Seiner Ewigkeit gewährt und ihnen Sein Reich als Besitz gibt. Dies soll man sowohl für die Vollkommenen wie auch für die Unvollkommenen wünschen, für die, die noch Sklaven ihrer Leidenschaften sind, genauso wie für diejenigen, die sich davon befreit haben. Trotzdem betrachtet man seine Mitbrüder je nach dem unterschiedlichen Grad ihrer Tugend auch mit unterschiedlichen Gefühlen und ist mehr beeindruckt von der Frömmigkeit derjenigen, die tugendhafter sind als Andere. Denn obwohl Gott die Sonne über allen Menschen gleichermaßen aufgehen lässt, liebt und begünstigt Er weiterhin die einen mehr als die anderen. Und obgleich Jesus Christus, der das vollkommene Vorbild und die sichere Richtschnur darstellt und dem wir in allen Dingen folgen sollen, alle Seine Jünger in Seinem Herzen trug, können wir sagen, dass der hl. Johannes vor allen anderen ‚der Jünger war, den Jesus liebte', mit diesen Worten lehrt es uns jedenfalls der Hl. Geist.

33. Über die Kapitelsitzungen

Kap. XVII, Frage 3, S. 215 ff.

Es ist notwendig, dass die Mitbrüder manchmal miteinander reden. Aber solche Gespräche müssen in der Öffentlichkeit stattfinden; man soll sie als regelkonformes Tun betrachten, nicht als erholsame Unterhaltung. Sie sollen heilig sein und nur selten stattfinden. Makellos müssen sie sein, was die Art und Weise als auch was die Thematik angeht, denn sonst würden sie mehr Schaden als Nutzen verursachen. Da ihr ganzer Zweck darin bestehen soll, Mut zu machen, glühenden Eifer zu entfachen und Wolken des Trübsinns zu zerstreuen, die sich ja manchmal in der Abgeschiedenheit des klösterlichen Lebens bilden können, sollten ihre Inhalte das Gemüt bewegen und entnommen sein von dem, was man bei der Lektüre der hl. Gründerväter an Lebendigstem, Bewegendstem und Anregendstem findet. Der sprachliche Ausdruck soll bescheiden und einfach sein, frei von Geziertheit und Selbstdarstellung, so dass auch die weniger Redebegabten ohne Aufregung und Furcht mit denen reden können, die sich gekonnter ausdrücken können. Das beiderseitige Streben nach Schlichtheit im Ausdruck soll gleichsam als Schleier dienen, um hohe Bildung und Unwissenheit zu verbergen. Vor allem aber dürfen keine Lehrsätze, keine bizarren Fragestellungen und auch keine theologischen Probleme behandelt werden; nichts ist nämlich mehr dazu angetan, Überheblichkeit zu verursachen, innere Einstellungen zu verändern und Anfechtungen entstehen zu lassen als dergleichen Unterredungen.

Solche Versammlungen sollen eher selten sein. Fänden sie zu häufig statt, ganz zu schweigen davon, dass sie dem rechten Schweigen, welches wir gelobt haben, nicht entsprächen, würden die Überfülle an Wahrheiten und großartigen Lehrsätzen den Geist letztendlich zur Erschöpfung bringen, ihn mit Abscheu erfüllen und ihn am Ende unempfänglich machen für die Dinge, die er ständig mit so viel freudiger Begierde wahrnehmen soll, als seien sie jeweils neu für ihn. Vor allem muss der Obere ihren Geist mit seinem Wort lebendig erhalten, ihn stützen und allen Gedanken seiner Mitbrüder Geltung verschaffen. Indem er ihnen eine Freiheit gewährt, die von Zwängen ausgenommen ist, hat er dafür zu sorgen, dass ihnen nichts entgleitet, was nicht der Würde von Personen entspricht, die nur auf ihre Heiligung bedacht sind und wissen, dass Jesus Christus, wie Er versprochen hat, immer mitten unter denen ist, die sich in Seinem Namen versammeln.

IV. Leben unter einer Regel und einem Abt

34. Von den Äbten

Kap. VIII, Frage 5, S. 218

Meines Erachtens nehmen die Äbte den Platz Jesu Christi ein, dessen Vertreter und Beauftragte sie sind. Von Seiner Hand sind sie eingesetzt; sie leiten uns in Seinem Namen und haben die Autorität erhalten, mit der sie dafür sorgen, dass ihre Untergebenen diejenige Gottes respektieren, Seine Weisungen ausführen, ihre Pflichten erfüllen und unaufhörlich auf dem Weg zu ihrem Heil fortschreiten. So ist die Erfüllung der Weisung und des Gebotes Gottes und unsere Heiligung das eigentliche Ziel der klösterlichen Vollmacht. Zu diesem Zweck ist sie eingerichtet worden. Nur deshalb hat Gott Menschen über uns gestellt, damit wir durch die Fürsorge, über die sie verfügen müssen, und unter ihrem wachsamen Auge die notwendigen Hilfen und Möglichkeiten zu unserer Heiligung finden, um Ihm zu gehorchen und zu gefallen. Daraus folgt, dass, da die Oberen auf eine grenzenlose Unterwerfung stoßen müssen, wenn das, was sie befehlen, dem Gesetz Gottes, dem Geist eurer Ordensregel und dem ganzen Geltungsbereich eurer Gelübde entspricht, ihr ihnen auf der anderen Seite keinen Gehorsam schuldet, wenn ihre Weisungen dem Gebot Gottes zuwiderlaufen, euch nach unten ziehen statt euch zu Ihm emporzuheben und zur Aufweichung und zur Auflösung der Ordensregeln beitragen.

Ihr müsst wissen, dass derjenige, der von den Äbten sagte *„Wer euch hört, hört mich,“* auch gesagt hat, es sei wertvoller, Gott zu gehorchen als den Menschen, und dass, wenn ein Blinder einen Blinden führt, beide in die Grube fallen.

35. Der Ordensobere

Kap. IX, Frage 2, S. 254 ff.

Der Obere einer Mönchsgemeinde, meine Brüder, um es klar auszudrücken, ist ein Licht, welches unter einem Scheffel steht, ein Mensch, dessen einzige Bestimmung darin liegt, eine kleine Anzahl von Personen zu leiten, deren Leben sich ganz in Zurückgezogenheit, in Schweigen und in der Abtötung der Sinne und des Geistes vollzieht. Er, dessen Sendung von Gott her nur darin besteht, zu einem Leben in Frömmigkeit anzuregen und nicht Gelehrsamkeit zu vermitteln, braucht nicht über eine umfassende Bildung noch Wissenschaft zu verfügen, die sich einzig ständiger Lektüre und wissenschaftlichem Studium verdankt. Es muss uns allen klar sein, dass er über alles notwendige Wissen verfügt, wenn er mit dem heiligen Apostel sagen kann: *„... ich hatte mich entschlossen, bei euch nichts zu wissen außer Jesus Christus, und zwar als den Gekreuzigten.“* An dieser Stelle, meine Mitbrüder, lernt er, was Folgendes bedeutet: grenzenloser Gehorsam, unersättliches Verlangen nach schmachvoller Erniedrigung, unüberwindliche Geduld im Ertragen von Leiden, völlige Hingabe an all das, was Gott will, Armut ohne Vorbehalt, Nächstenliebe, die auch durchhält, wenn einem Unrecht widerfährt, unveränderliches Festhalten an den ewigen Gütern und völliger Verzicht auf die Güter, deren Bestand ungewiss ist.

Schließlich gehören dazu alle diejenigen Eigenschaften, die das Wesen, die Wahrheit und die Vollkommenheit seines Standes ausmachen und die auf so göttliche Art und Weise ihren Ausdruck finden in den unterschiedlichen Lebenssituationen, in die sich Jesus Christus hineinstellen wollte, um der grenzenlosen Liebe zu genügen, die Er für das Heil der Menschen in sich trug.

Dies ist es also, was ein Mann wissen muss, dem die Leitung von Mönchen obliegt, dies das eigentliche Wissen, über das er verfügen muss, um zur Heiligung der ihm anvertrauten Herde beizutragen. Und wenn ihr mich fragt, in welchem Buch er diesen gekreuzigten Jesus Christus studieren kann, dann werde ich euch sagen, dass es die Heilige Schrift ist und dass ihm deshalb die heiligen Urväter ihre Kenntnis auf so besondere Weise empfohlen haben.

36. Die Pflicht des Abtes, für seine Anvertrauten zu beten.

Kap. IX, Frage 13, S. 305 ff.

Erstens liegt der Grund für diese Verpflichtung bei einem Seelsorger und Hirten in seiner eigenen Schwäche. Denn da er bei all seinen Bemühungen nichts vermag und alle seine Tätigkeiten und Mühen nutzlos sind, wenn sie nicht Kraft, Energie und Wirkmächtigkeit von oben erhalten, ihm aber trotzdem das Heil seiner Mitbrüder anvertraut und er dafür vor Gott verantwortlich ist, so kann es, wenn man nicht will, dass sein Dienst nur ein Dienst an Toten ist, keinen Zweifel daran geben, dass er vor allen anderen Dingen sich unablässig an Jesus Christus wenden und Ihn durch ständiges Gebet darum bitten muss, dass Er seinem Wort Kraft gebe, sein Beispiel mit Leben erfülle und die Sorge für die Seinen segne, ja dass Er selbst Geist und Seele seiner Leitung sei und er durch sie die Heiligung derjenigen erwirke, deren Führung Er ihm hat übertragen wollen.

Zweitens bringt diese Vielfalt von Aufgaben, diese Unterschiedlichkeit der Fürsorge und des Dienstes, die ein Abt seinen Mitbrüdern widmen muss, mit sich, dass seine Gebete nicht inständig und unablässig genug sein können. Wie soll er Blindenführer, Stütze von Schwachen, Arzt der Kranken und Tröster der Betrübten sein, wenn Gott ihm nicht Erleuchtung, Kraft, Heiligkeit und Weisheit gibt? Wird er aus sich heraus Erleuchtung finden? Er wird nur Finsternis antreffen.

Oder Stärke? Er wird nur Schwäche finden. Oder etwa Heiligkeit? Nur auf Sünde wird er stoßen. Oder Weisheit? Nur Torheit wird er begegnen. Wird er Anspruch darauf haben können, dass Gott ihm seine Schatzkammer öffnet, ihm alle seine Gnadengaben verleiht und ihn mit all diesen vollkommenen Anlagen erfüllt, wenn er nicht um Seine Güte bittet und sie nicht durch sein beharrliches und ständiges Beten erhält.

Drittens trägt ein Abt auf seinen Schultern alle Sorgen und Nöte derjenigen, die ihm anvertraut sind; ihre Krankheiten werden die seinen und ihre Mühen sind so sehr seine eigenen, dass er mit dem Apostel sagen darf: *„Wer leidet unter seiner Schwachheit, ohne dass ich mit ihm leide? Wer kommt zu Fall, ohne dass ich von Sorge verzehrt werde?“* Er verspürt gleichermaßen ihre Schmerzen, mit ihnen zusammen ist er traurig, betrübt und krank. So wie es keinen Zeitpunkt gibt, an dem er nicht mit neuen Sorgen und Nöten konfrontiert wird, so gibt es für ihn auch keinen Moment, an dem sich nicht für ihn gerechtfertigte und dringende Gründe ergeben, Zuflucht zu Gott zu nehmen zum Zweck der Förderung, Beruhigung, Tröstung und Vervollkommnung seiner Mitbrüder.

Schließlich ist der Obere derjenige, durch dessen Vermittlung Gott allen seinen Mitbrüdern Seine Gnadengaben zuteil werden lässt. Über ihn kommen sie ihnen zu. Er ist der wahrhafte Verteiler Seiner guten Gaben.

Er ist das Becken – ich bediene mich hier der Worte des heiligen Bernhard –, welches sich mit Wasser füllt und dieses dann weiter verteilt. Und da er unaufhörlich aus der großzügigen Hand Jesu Christi das Brot erwarten muss, das er für die brechen muss, für die Er ihn zum Hirten und Vater eingesetzt hat, darf er auch keineswegs aufhören, Ihn um die Gnade zu bitten, es zu erhalten, denn das Gebet ist eine Bedingung, ohne die Gott auf unsere Bedürfnisse keinerlei Rücksicht nimmt: *„Bittet, dann wird euch gegeben."*

37. Über die Caritas und Pflichten der Äbte

Kap. IX, Frage 1, S. 249 ff.

Meine Brüder, um den Verpflichtungen zu genügen, die in den Worten enthalten sind „Er soll die Stelle Jesu Christi einnehmen", reicht es für einen Oberen nicht aus, in Seinem Namen die Leitung zu übernehmen noch dies aus eigener Autorität und Vollmacht heraus zu tun. Er muss im Kloster genau das tun, was Jesus Christus dort tun würde, wäre Er selbst dort anwesend. Er muss für die Vervollkommnung und das Heil seiner Mitbrüder so wirken, wie es Jesus Christus für die Heiligung Seiner Jünger tat. Dessen Tun soll er in all seinen Aktionen zum Ausdruck bringen und, um es so in Worte zu fassen, darauf hin arbeiten, dass der unsichtbare Hirt in der Genauigkeit und Frömmigkeit, mit der er seinen Dienst vollzieht, sichtbar wird. Und da Jesus Christus nichts auslassen wollte, was Seine Jünger in den Augen Seines Vaters gefällig machen konnte und würdig der Wahl und Auszeichnung, die Er für sie vorgesehen hatte, so wollte Er sie nicht nur durch Seine Predigt bilden und formen, sondern darüber hinaus durch Sein Beispiel. So wie Er über ihre Lebensführung mit unermüdlichem Eifer wachte und nie aufhörte ihnen durch die Kraft Seiner Gebete in ihren Schwachheiten Unterstützung zukommen zu lassen, muss auch ein Abt, der den Namen verdient, ohne Unterlass an der Unterweisung seiner Mitbrüder arbeiten, sie durch Wort und Tat ihre Aufgaben lehren.

Er muss darauf bedacht sein, mit stetiger Wachsamkeit ihren ganzen Lebensvollzug in die richtigen Bahnen zu lenken und vor allem seine tätige Sorge mit inständigem Gebet verbinden.

Seid gewiß, meine Brüder, dass die Anweisung eines Oberen fast immer fruchtlos ist, wenn ihr die Autorität fehlt und sie diese nicht aus seinem vorbildhaften Wirken erhält. Dieses allein ist steril, schwach und

leblos, wenn das Wort es nicht belebt und ihm die Kraft verleiht, die es aus sich heraus nicht haben kann. Wort und Beispiel aber werden keine sehr großen noch wirklich Segen bringenden Wirkungen haben, wenn der Abt sie nicht mit seiner Wachsamkeit begleitet und sich nicht mit seiner ganzen Kraft der Führung der Seelen widmet, die die Vorsehung ihm in die Hände gelegt hat. Mag er sich auch noch so zuverlässig seiner Aufgaben entledigt haben, muss er doch seine Ohnmacht zugeben und gleichermaßen überzeugt und bewegt sein von jener großen Wahrheit, die der Apostel uns lehrt mit den Worten: *„So ist weder der etwas, der pflanzt, noch der, der begießt, sondern nur Gott, der wachsen lässt."* Er wendet er sich an Gott und bittet Ihn im Gebet, mit Seufzen und unter Tränen, Er möge gnädig auf seine Herde schauen, die ihm anzuvertrauen Ihm gefallen hat, seine Fürsorge segnen und ihn mit dem Segensreichtum ausstatten, der nur Ausfluss Seiner Gnade und des Wirkens des Heiligen Geistes sein kann.

Dies also, meine Brüder, muss ein Oberer tun, wenn er sich seines Dienstes wirklich würdig erweist und den Verpflichtungen genügen will, die ihm durch folgende Worte auferlegt sind: *„er nimmt Christi Platz ein.“* Dazu verpflichtet ihn die Stellung, die er in der Ordensgemeinschaft einnimmt, wie der hl. Benedikt erklärt, indem er ausdrücklich sagt, dass der Abt seine Mitbrüder durch sein vorbildhaftes Tun wie durch seine mahnenden und ermunternden Worte unterweisen soll. Sie müssen genau so viel Erbauung in dessen Beispiel wie in seinen Worten finden und er wird vor dem Gericht Jesu Christi erst dann Entlastung finden, wenn er seinen Mitbrüdern alle in seinen Kräften stehenden Unterstützungen hat zukommen lassen. Schließlich hat der hl. Benedikt den Oberen so viel Gewissenhaftigkeit, Einsatz, Fleiß und Sorgfalt abverlangt, dass man nicht daran zweifeln darf, dass er sie von allen sonstigen

Tätigkeiten und Beschäftigungen entbinden wollte, um nur derjenigen allein nachzukommen, die darin besteht, ohne Unterlass über die Seelen derer zu wachen, die Jesus Christus mit Seinem Blut erkauft hat und deren Leitung Er ihnen anvertraut hat.

38. Der Abt als leibhaftige Ordensregel?

Kap. XXIII, Frage 2, S. 604 f.

Der hl. Benedikt ordnet an, dass seine Regel von allen, ohne Unterschied und mit gleicher Genauigkeit eingehalten wird. … Die Autorität eines Abts besteht nur darin, dafür zu sorgen, dass man sie beachtet und ohne Abstriche einhält. Dazu muss er mit seinem Wort, mit seinem Beispiel und mit seiner ganzen Sorge beitragen. Man nennt ihn ‚die Ordensregel in Person', weil sie in seiner Lebensführung enthalten und lebendiger und umfassender sichtbar sein muss als in der seiner Mitbrüder.

Der hl. Benedikt will, dass ein Abt viel mehr durch seine Untadeligkeit und durch das Beispiel seines Lebens als Leiter fungiert als durch seine Anweisungen. …

Dies genügt, um zu zeigen, dass dieser Grundsatz, der die Ordensgemeinschaften in einer falschen Sicherheit wiegt, oft falsch verstanden wird und dass der Sinn, den man ihm beimißt, nur eine trügerische und unangemessene Vorstellung ausmacht, die nur dazu dient, den schlechten Gebrauch zu rechtfertigen, den Äbte von ihrer Macht machen, und die Zügellosigkeit derjenigen, die ihnen unterstellt sind.

39. Vorschriften und Befreiungen: vom rechten Gebrauch der Ordensregel

Kap. VIII, Frage 7, S. 231 ff.

Der hl. Benedikt, meine Brüder, hat uns eine Regel gegeben, die nicht weniger Schlichtheit als Vollkommenheit besitzt. Er wollte, dass sie streng sei, doch hat er dabei ein solch rechtes Maß bewahrt, dass es mit Ausnahme der Praxis bei den Wüstenvätern und ersten Eremiten in Gottes Kirche keine Ordensregel gibt, bei der der Sühnegedanke exakter zum Ausdruck kommt als in der seinen. Als liebevoller Vater hat er jedoch nicht darauf verzichtet, für Notlagen, Schwächen und Krankheiten seiner Kinder Sorge zu tragen.

In solchen Bedarfsfällen und ähnlichen Notlagen haben die Oberen das Recht und die Vollmacht, Dispens von der Regel zu erteilen und ihre Strenge abzumildern. Dies sind die wahren Gründe, weswegen die Liebe zum Nächsten über den Wortlaut der Regel gestellt werden muss. In solchen Fällen kann ein Oberer, ohne mit seinem Gewissen in Konflikt zu geraten, Dispens erteilen vom Fasten, von der körperlichen Arbeit, vom Wachen, von der harten Bettstelle, vom Verzicht auf Fleisch und von anderen mühsamen Auflagen der Ordensregel. Auch muss er mit der

Hingabe und der Wachsamkeit eines echten Hirten alle Dinge so regeln, dass sie zur Tröstung und Heiligung der Seelen beitragen, die Jesus Christus seiner Führung unterstellt hat. Niemand wäre damit einverstanden, dass, wenn man eine solche maßvolle Einschränkung in einer Notlage nicht gewährt, die klösterlichen Observanzen, die Schutzzonen und rettende Häfen sein sollen, zu Zonen von Gewitter und Stürmen würden, in denen man mehr Nachteile als Vorteile, mehr Übel als Hilfe und Heilung fände.

40. Obere und Leben in Einsamkeit

Kap. XVI, Frage 25, S. 175 f.

Obere müssen in völliger Zurückgezogenheit leben und in der Stille ihrer Klöster bleiben, es sei denn, dringende und legitime Notfälle zwingen sie dazu, diese zu verlassen. Erstens haben sie bei der Ablegung ihrer Profess versprochen, zur festen Ordnung in ihrem Kloster beizutragen. Zweitens sind sie dieselben Verpflichtungen eingegangen wie ihre Mitbrüder; in allem müssen sie ihnen ähnlich sein und sich durch nichts von ihnen unterscheiden, außer durch das, was mit ihrer besonderen Aufgabe und mit ihrer Vollmacht verbunden ist.

Drittens schulden sie ihren Mitbrüdern eine beispielhafte Lebensführung, besonders in den Dingen, die, weil am beschwerlichsten und mühsamsten, auch den größten Versuchungen unterworfen sind.

Da sie mehr als ihre Mitbrüder Ablenkungen ausgesetzt sind, ist es viertens für sie notwendiger als für jene, in der Ruhe der Einsamkeit die Einbußen, die die Ausübung ihres Amtes mit sich bringt, wieder wettzumachen. Fünftens müssen sie ihren Mitbrüdern den Geist Jesu Christi vermitteln, Seine Standpunkte und Grundsätze; in Zurückgezogenheit müssen sie Ihn anrufen, auf Ihn hören und sich ganz von Ihm erfüllen lassen. Da es, sechstens, nichts gibt, wo die Natur größere und heftigere Kämpfe führt als beim Ertragen der Einsamkeit, wie der selige Guigo, Generaloberer der Karthäuser, anmerkt, gibt es auch keine Gelegenheit, in der ein Mönch mehr die helfende Hand seines Oberen nötig hat. Der Obere wäre für ihn ja auch gänzlich unnütz, wenn er nicht selbst in Zurückgezogenheit lebt, denn sein Beispiel führt ihn in Versuchung und schwächt ihn. Was sein Wort angeht, dient es ihm zu nichts, denn anstatt hilfreich zu sein, verliert es auf Grund seiner Lebensführung allen Nachdruck.

So ist also, meine Brüder, nach all diesen Erwägungen ein Leben in Zurückgezogenheit für diejenigen, die eine Leitungsfunktion ausüben, noch eher angezeigt als für die, die ihnen untergeordnet sind.

41. Vertrauen in den Oberen (1)

Kap. VIII, Frage 3, S. 207 f.

Da die Sorge für die Seelen den Oberen anvertraut wurde und die Führung der Klostergemeinschaft ihnen obliegt, sollen sich die Mitbrüder in all ihren Nöten an sie wenden und ihnen ihr volles Vertrauen schenken. An dieser Grundhaltung darf sich nichts ändern, sollten ansonsten nicht beträchtliche Risiken entstehen.

Da es besonderen Segen bedeutet, der Anweisung Gottes treu zu bleiben, in dem Stand zu verbleiben, in den Er uns hineinversetzt hat, an dem festzuhalten, was aus Seinen Händen kam, und weil es Ihm gefällt, sie für die zu öffnen, die mit Pflichtgefühl alle ihre Anordnungen erfüllen, stünde es außer Zweifel, dass man vieler Güter, Gnadengaben und Vorteile beraubt würde, wenn man seinen Platz verlässt, wenn man Seinen Plan durchkreuzt und die Dinge aus der Lage herausholt, in die Er sie gestellt hat. Und da Er Äbte zur Leitung der Mitbrüder eingesetzt hat und diese folglich ihnen ihr ganzes Vertrauen entgegenbringen müssen, darf diese Leitung und dieses Vertrauen nicht auf andere Personen übertragen werden. In diesem Fall würde die Ordensgemeinschaft darunter leiden und Schaden, Verlust und Schwächung davontragen.

Eine solche Leitung, die nicht mehr der von Gott eingesetzten entspricht, wäre nicht so sehr von Weisheit, Liebe und Nutzen geprägt, da die Mitbrüder bei einer nicht der Regel entsprechenden Leitung keineswegs mehr den Trost und die Unterstützung erfahren, die sie bei ihren wirklichen Hirten finden würden.

Bleibt noch anzumerken, dass eine Klostergemeinschaft einen Leib darstellt, der nur bestehen kann durch die Verbindung der Glieder untereinander und durch die engen Beziehungen, die sie mit ihrem Haupt pflegen. Es ist jedoch fast unmöglich, dass dieses Verständnis und diese Einheit untereinander in vollem Umfang Bestand hat, wenn die Mitbrüder die Leitung ihres Abtes verlassen

und sich einer anderen unterstellen. Es ließe sich dabei kaum vermeiden, dass sich die Herzen und Gedanken durch die Uneinheitlichkeit der Klosterleitung entzweien.

42. Vertrauen in den Oberen (2)

Kap. VIII, Frage 1, S. 198 f.

Der Obere ist das Haupt der Klostergemeinde; er ist der Kopf eines Leibes, dessen Glieder und Teile alle seine Mitbrüder sind. Da es dem Kopf im menschlichen Leib eigen ist zu lenken und zu führen, alle Regungen und Handlungen zu formen, und, da sich alles auf ihn bezieht, nichts geschieht, was in ihm nicht seinen Ursprung und Anfangsgrund hat, muss auch in einer regelkonformen Gemeinschaft alles nach den Anweisungen des und in Abhängigkeit vom Oberen geschehen. Er muss über alle Dinge verfügen zum Nutzen der Allgemeinheit und zum Wohl jedes

Einzelnen. Er soll den Untergebenen ihre Aufgaben übertragen und ihnen ihre Beschäftigungen und Übungen zuweisen. Er lenke ihr Gewissen und regle ihr Andachtsleben. Nichts soll es geben, worauf sich seine Aufsicht und seine Weisungsbefugnis nicht erstrecken.

Dies hatte der hl. Benedikt im Sinn, als er sagte, der Abt solle den Platz und die Funktionen Jesu Christi einnehmen, alles liege in seiner Verfügungsgewalt und nichts dürfe es geben, das nicht seinen Anweisungen unterworfen ist.

Eine solche umfassende und uneingeschränkte Leitung verlangt, dass der Abt über eine genaue Kenntnis der Personen verfügt, die ihm anvertraut sind. Ohne eine solche würde die Vollmacht, die ihm verliehen ist, um die rechte Ordnung zu schaffen und zu erhalten, nur heillose Verwirrung verursachen. Da ihm der Durchblick fehlt, würde er ohne Klugheit handeln und nur über seine eigenen Ansichten und Vorstellungen für seine Regel verfügen, so wie ein Blinder, der alles zufällig tut, oder wie ein Arzt, der die Aufgabe hat, Kranke zu behandeln und zu heilen, deren Krankheit und Natur er nicht kennt.

Vorausgesetzt also – dies ist sonnenklar – dass der Abt seine Mitbrüder genau kennen muss, um sie führen zu können, so folgt andererseits daraus, dass die Mitbrüder ihrem Abt volles Vertrauen schenken müssen, weil es für diesen sonst nicht möglich ist, sie kennen zu lernen. Mag ihm diese Kenntnis auch auf außerordentlichen Wegen zugekommen sein und auf dem Weg von Offenbarungen, wird er stets nur über vage Vermutungen verfügen, wenn die Mitbrüder nicht dafür Sorge tragen, ihm den Grund ihres Herzens offen zu legen, ihm alle seine Regungen aufzudecken und bis in die letzten Winkel zu entfalten, was nur die Wirkung eines vollkommenen Vertrauens sein kann.

43. Kennt der Gehorsam keine Grenzen?

Kap. XXIII, Frage 3, S. 620 f.

Es stimmt und darüber muss Einverständnis herrschen, dass die Hauptpflicht eines Mönchs darin besteht zu gehorchen und sich zu unterwerfen, aber er darf dies nur in der Weise tun, die er versprochen hat. Da ein Ordensbruder sich nicht zu einem stupiden und schrankenlosen Gehorsam verpflichtet hat, sondern zu einem nach der Ordensregel, muss er ihn nicht leisten, wenn er dieser entgegensteht und sie zerstört; natürlich hat auch der Abt nicht das Recht, einen solchen einzufordern.

Der hl. Paulus will, dass der Gehorsam der Untertanen der Vernunft entspricht. Jedoch dürfen wir den Menschen nur gehorchen, wenn wir es tun können, ohne Gottes Gesetz zu verletzen und die Weisungen Seiner Heiligen außer Kraft zu setzen, indem wir gegen unsere Versprechungen und Beteuerungen hinsichtlich ihrer lückenlosen Einhaltung handeln.

Man muss den Ordensoberen Respekt entgegenbringen und ihnen gehorchen wie Jesus Christus selbst, deren Diener und Stellvertreter sie sind, selbst wenn wir vielleicht in ihrer sittlichen Lebensführung Mängel entdecken.

Wenn es aber vorkommt, dass, anstatt euch bei der exakten Einhaltung der Dinge, die ihr versprochen habt, zu unterstützen und euch, wie es ihre Pflicht ist, zur Vollkommenheit eines Lebens in Heiligkeit zu erheben, sie euch dazu verleiten, die Regeln zu brechen und eure Gelübde zu verletzen, ... dann betrachtet sie wie jene Mietlinge, von denen Jeremias spricht, die Sein Erbe mit Füßen getreten und Sein prächtiges Feld zur öden Wüste gemacht haben. Zweifelt nicht daran, dass ihr euch dann in einer Lage befindet, in der ihr mit dem hl. Apostel sprechen könnt: man muss Gott mehr gehorchen als den Menschen.

44. Von Schutzbehauptungen und Lügen

Kap. XII, Fragen 22 bis 24, S. 514 ff.

Es gibt einen großen Unterschied zwischen folgenden Reaktionen:

- eine Handlung in dem schlechten Sinn, den sie durchaus haben kann, aufzufassen, ohne die Sichtweisen und Motive dessen zu überprüfen, der sie begangen hat, oder bei einem Ordensbruder einen äußerlichen und eigentlich unerheblichen Fehler heftig zu tadeln, indem man sie mit der Heiligkeit Gottes vergleicht, mit der Vollkommenheit seines Ordensstandes, verbunden mit dem Hinweis auf die Folgen und Auswirkungen, wenn diese vernachlässigt würde, um auf diese Weise größeren Fehlern zuvorzukommen; oder in ihr tiefer liegende und verborgene Fehler zu entdecken;

- zu behaupten, eine Handlung sei schlecht, wenn man mit Sicherheit weiß, dass sie gut ist und dass sie nur nicht richtig ausgelegt werden könnte;
- oder einen Fehler zu tadeln, als sei er von großer Bedeutung trotz seiner Unerheblichkeit, von welcher Seite auch immer man ihn betrachtet.

Das Eine ist eine Lüge oder eine Fehleinschätzung, die die Wahrheit und Aufrichtigkeit angreift und von denen ein Mann, dessen Grundsätze untadelig und intakt sind, niemals Gebrauch machen wird.

Das Andere ist ein Verhalten, an dem nichts Schlechtes ist, das nützlich und sogar notwendig ist und aus dem man bei der Leitung eines Klosters Früchte und unendlichen Nutzen ziehen kann, wenn die Oberen diese mit Liebe, Urteilsvermögen und Klugheit anwenden. Dies haben alle Urväter durch ihr Beispiel bekräftigt, und wir finden es auf kraftvolle Weise niedergelegt in den Anweisungen und Stellungnahmen des hl. Gregor und des hl. Johannes Klimakos. …

Es ist sicher, meine Brüder, dass mehrere von den Vätern des Ostens der Meinung waren, es sei erlaubt, sich nicht der Wahrheit entsprechender und erfundener Darstellungen zu bedienen, wenn sie denn nicht schädlich und nicht offiziell sind, und wie es Klemens von Alexandrien ausdrückt, ihr eigentliches Motiv die Liebe ist. Diese Meinung war ziemlich verbreitet in der Frühzeit der Kirche. Man konnte sich kaum vorstellen, es sei falsch, die Wahrheit unter dem Deckmantel von Fiktion und Lüge zu verbergen, wenn der Nächste daraus Nutzen und Vorteil ziehen könne; und man hatte überhaupt nichts gegen eine Meinung einzuwenden, die in ihrer Anwendung, ihren Wirkungen und selbst vom Prinzip her Heil bringend schien.

Aber im Abendland behandelte der hl. Augustinus diese Frage mit solcher Tiefe, brachte sosehr alle Schwierigkeiten ans Tageslicht und machte auf solch überzeugende Art und Weise klar, dass man nicht guten Gewissens, in keinem Fall und auch bei irgendeinem möglichen Nutzen sich dieser gut gemeinten Lügen bedienen kann, dass seine Meinung hierin von allen seinen Nachfolgern und denen, die fromm und einsichtig waren, mitgetragen wurde.

Man kann weiterhin sagen, dass der hl. Johannes Klimakos sich vor diesem Irrtum gehütet und ihn verurteilt hat trotz seiner weiten Verbreitung und dass Gott, der ihn der Welt wie einen apostolischen Lehrer und wie einen sicheren Führer und Leiter in Gewissensfragen geschenkt hat, ihn von allen Makeln frei machen wollte, damit er mehr Glaubwürdigkeit und Autorität besitze, und dass man in seinen Schriften wie in Heils-Quellen getrost die richtigen Regeln für ein Leben nach den evangelischen Räten schöpfen kann. …

Wir können keinen Zweifel hegen an dem, was der hl. Johannes Klimakos über die halboffiziellen Unwahrheiten gedacht hat, da er sie ja eindeutig verurteilte und die hauptsächlichen Begründungen ihrer Befürworter zurückwies, die sie aus der dem Nächsten geschuldeten Liebe schöpften und aus dem berühmten Beispiel der Rahab…

Wenn er in einigen Situationen besondere erfundene Geschichten gebilligt zu haben scheint, hat er dies nur in Nachahmung der Heiligen Schrift getan, welche die Tat der oben genannten Rahab lobt, nicht weil sie auf frei Erfundenem beruhte, sondern weil sie in ihrem Grundanliegen, ihrer Anwendung und in ihren Folgen heilsam und von Liebe geprägt war. Kann man sich schließlich deutlicher ausdrücken als mit den Worten, die Liebe zur Wahrheit sei die Quelle aller Tugenden.

V. Askese und Observanzen

45. Gründe dafür, Buße zu tun

Kap. XVIII, Frage 6, S. 280 ff.

Welche Gründe hatten die heiligen Urväter für ein Leben in solch großer Bußfertigkeit?

Es gibt vielleicht, meine Brüder, mehr Anlass die Frage zu stellen, welche Gründe die nachfolgenden Ordensleute hatten, sich von dieser zu befreien. Schüler können sich sehr wohl in den Dingen, die rein menschlicher Natur sind, von den Ansichten ihrer Lehrer entfernen, weil sie sie an Wissen, Begabung und Gelehrsamkeit übertreffen können. Aber was die Werke angeht, die von Gott sind und die durch Seinen Geist entstehen und geleitet werden müssen, so liegt ohne Zweifel eine große Verwegenheit bei den Leuten vor, wenn sie sich vom Standpunkt der Heiligen, die ganz in Seinem Dienst standen, entfernen, deren Grundsätze vernachlässigen und zerstören, was jene mit soviel Sorgfalt und Hingabe eingerichtet und befolgt haben. Da nun die klösterlichen Observanzen wahrhaft Werke der Gnade und Früchte der Barmherzigkeit sind und weil diejenigen, die in Dienst zu nehmen Gott gefallen hat, um sie ins Leben zu rufen, nichts anderes gemacht haben als uns Seinen Willen zu bekunden, muss man es dann nicht als befremdlich empfinden, wenn man ihre ganze Lebensführung auf den Kopf stellt und jene heilsamen Übungen als unnütze Erfindungen betrachtet, die zu ihrer Zeit – und sie sind es auch noch in der unseren – die Heiligung der Kirche darstellten?

Um nun aber auf eure Frage zu antworten, sage ich euch: erstens, dass die Heiligen, die von lebendigem Glauben und glühender Liebe erfüllt waren, mit dem Blick und in dem Verlangen auf die zukünftigen Dinge lebten und, da sie ständig die ewigen Qualen und die ewigen Freuden vor Augen hatten, jeden Tag ihres Lebens so verbrachten, wie wir den letzten unserer Tage verbracht haben möchten.

Jesu Christi Worte: ‚*Tut Buße, denn das Himmelreich ist nahe*' schlugen ständig an die Ohren ihres Herzens. Und da sie wussten, dass derselbe Jesus Christus uns lehrt, dass es der heftige Krieg ist, den wir durch unsere Buße gegen uns selbst führen, der uns die Tore zu diesem Reich öffnet, war es eine ihrer Hauptaufgaben, ihr Fleisch zu kreuzigen....

Zweitens: Ganz durchdrungen von Dankbarkeit und Liebe war das Herz der wahren Einsiedlermönche, deren einzige Beschäftigung auf Erden darin bestand, die Gedanken auf Jesus zu richten und ihn zu lieben, und die ohne Unterlass daran dachten, dass diese heilsame Ruhe, die sie in ihrer Einsamkeit genossen, die Frucht Seiner Mühen und Seiner Schmerzen ist, und dass die Einöden für sie nur deshalb solch gnadenreichen Segen hervorbringen, weil Er sie mit Seinem Blut getränkt und fruchtbar gemacht hat. Ihre Seele war ganz durchdrungen von Zuneigung und Liebe.

Mit heiliger Ungeduld suchten sie Gelegenheiten und Mittel, davon Zeugnis zu geben. Sie hatten Ihm schon, indem sie die Welt verließen, alle irdischen Güter geweiht, aber sie wollten sich Ihm auch selbst weihen. Eben deshalb nahmen sie mit solch glühendem Eifer das Fasten, das Wachen, die Strapazen und all die anderen Übungen eines entbehrungsreichen Büßerlebens auf sich. … Das Kreuz Jesu Christi zog sie so machtvoll an und ihr Wunsch, sich an dieses zu hängen und Ihm in Seinem Leiden zu folgen, war so heftig, dass sie, indem sie das für nichts erachteten, was sie mit äußerster Strenge praktizierten, und das geradezu als verweichlichte und erholsame Lebensführung missbilligten, was die Leute bei ihnen als übertriebene Buße ansahen.

Drittens, … wussten sie, dass sie nicht nur wegen ihrer eigenen Sünden der Gerechtigkeit Gottes gegenüber in der Schuld standen, sondern dass sie die Sünden der ganzen Welt auf ihren Schultern trugen. Sie waren sich dessen bewusst, dass die Menschen sie als diejenigen betrachteten, die ihnen Seine wohlwollende Barmherzigkeit verschaffen sollten, und dass ihr Stand sie darauf verpflichte, durch ihre Tränen, Mühen und ständige Kasteiungen die Erde mit dem Himmel zu versöhnen. … Letztlich brachten jene wahrhaftigen Anbeter Gott in der Nachfolge Jesu Christi für die Sünden der Menschen ein Bußopfer dar und ehrten Seine Heiligkeit durch frommes und andächtiges Tun, welches im

Gegensatz zu den Missetaten und Verirrungen stand, mit denen sie, wie sie sahen, in solch allgemeiner Weise entehrt wurde.

Viertens wussten die heiligen Einsiedler, dass der Stand, in den sie Gottes Berufung versetzt hatte, von ihnen vollkommene Reinheit verlangte und dass das ganze Ziel ihres Gelübdes darin bestand, nach vollendeter Frömmigkeit zu streben. …

Das Wissen um die Unbeständigkeit und Bosheit des menschlichen Herzens hatte sie davon überzeugt, dass ein Mönch die Heiligkeit seines Standes weder erwerben noch bewahren kann, es sei denn er beschreitet enge Pfade, zwingt seine Natur zu strikter Busse, bekämpft seine Leidenschaften und leistet mit unbeugsamer Härte jedem Hang zur Sünde Widerstand.

Schließlich, meine Brüder, wohin auch immer ein Mönch seine Augen richtet, erhält er nur allzu viele Anstöße und Beweggründe, die ihn dazu drängen, sich ganz der Buße zu widmen.

- Wenn er die Strenge der Gottesurteile in Erwägung zieht, gibt es nichts, was er nicht unternimmt, um durch die Mühen weniger Augenblicke die Welt von ewigem Unheil freizukaufen.
- Wenn Seine Taten der Barmherzigkeit sich ihm vor Augen stellen, besteht sein ganzer Trost darin, durch strenge Bußübungen aus dem Weg zu räumen, was ihre Wirkungen verhindern oder aufschieben könnte.

- Wenn er seine Aufmerksamkeit lenkt auf jenen Bestand an Elendigkeiten, von denen eine sterbliche Natur nicht frei ist, klagt er über jede Verlängerung der irdischen Pilgerschaft.
- Er findet, dass seine Seele sich zu lange auf dieser fremden Erde aufhält und nimmt mit glühendem Eifer alle heilsamen und strengen Bußübungen auf sich, um die Dauer abzukürzen.
- Wenn er den Blick nach oben richtet und Jesus Christus in seiner Glorie und im Glanz seiner Heiligen betrachtet, ist seine Seele sofort erfüllt von heftigem Verlangen …. Er schätzt sich glücklich darüber, dass es bei seiner Lebensart so viele unschuldige Mittel gibt, ein Leben abzukürzen, welches ihn von seinem Glück trennt.

Man darf sich, meine Brüder, nicht darüber wundern, dass die heiligen Urväter in den vergangenen Jahrhunderten ein Büßerleben geführt haben, das den Rahmen des Normalen sprengt.

Eher muss man erstaunt sein, dass es in unserem Jahrhundert Mönche gibt, die in ihrem eigenen Pflichtbereich blind genug sind, um nicht zu wissen, dass das Leben eines Mönches das eines Büßers ist, d.h. eines Menschen, der für die Welt gestorben ist und dort nur ein Bestreben kennt, nämlich das, sich wie ein Gekreuzigter an das Kreuz Jesu Christi heften zu lassen und sich allen Schmerzen, Kränkungen und Leiden auszuliefern.

46. Über die Zerknirschung des Herzens

Kap. XIII, Frage 2, S. 549 ff.

Wir können die Zerknirschung des Herzens als eine (vierte) Wirkung der Betrachtung über den Tod ansehen. Da sie uns die beiden Seiten der Ewigkeit vor Augen hält und uns die Übel und die Güter gleichermaßen vergegenwärtigt, erweckt sie in uns unweigerlich auch unterschiedliche Eindrücke und die Vorstellung, die Gott uns damit von Seiner Barmherzigkeit vermittelt, wird durch den Blick auf und die Furcht vor seinem Gericht vermischt und abgemildert. Der Mönch, der zeit seines Lebens intensiv mit dem Gedanken an den Tod beschäftigt ist, lässt also oft vor seinem geistigen Auge alle Begleitumstände seines Lebens Revue passieren. … Wenn sein Leben nicht völlig in Einklang mit seinem Gelübde steht, erfüllen sie ihn mit Angst, durchdringen ihn bis auf die Knochen. Da ihn Gott mitleidsvoll anschaut, bringen sie ihn dazu, einen noch heiligmäßigeren und stärker an der Regel ausgerichteten Weg einzuschlagen. Wenn er aber glaubt und tut, was er kann, um seine Versprechen zu erfüllen, kommen ihm alle Zeichen zu Hilfe, die er durch die Güte Jesu Christi erhalten hat, stützen ihn, stärken seine Hoffnung und seinen Glauben, stürzen ihn also keineswegs in Verwirrung noch erschüttern sie sein Vertrauen. Er nimmt Zuflucht zu diesem Schutz, dessen Kraft er so oft verspürt hat. Sein Herz wird gedrängt von der Liebe zu Ihm, vom Schmerz, Ihm missfallen zu haben, genauso wie von der

Furcht vor Seinem Zorn. Seine Zerknirschung ist immerwährend und er wird nicht müde, Seufzer auszustoßen und Tränen zu vergießen. … In Seiner Barmherzigkeit sorgt Gott dafür, dass sein Schmerz und seine Bitterkeit zu seinem Trost und zu seiner Freude werden. Denn da seine Seele durch den Überfluss an Tränen erfrischt und gereinigt ist, ist sie nur noch geprägt von Gefühlen und Gedanken des Friedens, der Dankbarkeit und des Segens. Unaufhörlich ruft sie voller Begeisterung: „*Du bist es, Herr, der mich rettet vor den Feinden, die mich wütend umringen.*"

Kap. XV, Frage 1, S. 585

Ich habe Euch schon sehr oft gesagt, dass Mönche unter ständigem Seufzen leben müssen und dazu verpflichtet sind, nicht nur über ihre eigenen Sünden zu weinen, sondern darüber hinaus über die Ungerechtigkeit der Welt. Ihr ganzes Leben sei nur ein Zustand des Schmerzes und der Reue. Ich wiederhole es noch einmal: Wenn die Mönche wüssten, wie weit in diesem Punkt ihre Verpflichtung geht, und wenn sie an die Schuldigkeit Gott gegenüber und an die Vorteile dächten, die eine so heilsame Bereitschaft beinhaltet, würden sie Ihn unablässig darum bitten.

Kap. XV, Frage 1, S. 584

Der Gedanke an Tod und Gericht bringt die Reue des Herzens hervor, so wie das Feuer Wärme und Licht hervorbringt.

47. Von den Tröstungen

Kap. XVI, Frage 5, S. 29 ff.

Es kommt vor, dass Ordensleute finden, sie seien in ihrem Stand ohne Trost, alles erscheine ihnen schwer erträglich und sie lebten aus unterschiedlichen Ursachen und Gründen in Unruhe und Kummer. Es gibt welche, für die Gott sich verbirgt, denen Er manchmal nach Seinem Gutdünken jene innere Freude entzieht, die Er gewöhnlich Seinen Dienern zukommen lässt. Er tut dies, um ihre Treue auf die Probe zu stellen, indem Er ihnen die Gelegenheit gibt, sich selbst zu helfen durch die Kraft ihres Glaubens und die Festigkeit ihres Vertrauens. Sie sehen sich in einem Zustand seelischer Härte und aller spürbaren Gnadengaben beraubt und deshalb quälen und beunruhigen sie sich statt dem Auftrag Gottes zu folgen und sich mit dem Stand zufrieden zu geben, in den Seine Vorsehung sie versetzt hat. Durch diese falschen Reaktionen erreichen sie nichts anderes, als ihr Joch noch drückender zu machen und ihren Kummer zu vergrößern. …

Man muss sie darauf hinweisen, sich den Absichten Gottes gemäß zu verhalten, all Seiner Führung mit Begeisterung zuzustimmen, und dass sie Vorteil ziehen aus diesem Zustand des Mangels an Zuwendung und Gnade, der nur scheinbar vorhanden und vorübergehend ist.

Man muss ihnen sagen, dass der Himmel nur kurzzeitig verhangen ist und die Sonne sich heller und strahlender als je zuvor zeigen wird. Jenes Gefühl der Ausgezehrtheit, welches sie traurig macht, werde für sie heilsam sein, vorausgesetzt sie ertragen es mit Geduld, und sie würden jenes heilige Gefühl kennen lernen, welches der Prophet hatte, als er zu Gott sprach: *„Herr, ich habe alle menschliche Freuden von mir abgeworfen, ich habe nur an Dich gedacht und bin mit Trost erfüllt worden."*

48. Verzicht auf irdische Güter: Loslösung und Indifferenz

Kap. XVI, Frage 8,S. 52 ff.

„Ich aber sage Euch: Leistet dem, der euch etwas Böses antut, keinen Widerstand .... Und wenn dir jemand etwas wegnimmt, verlange es nicht zurück."

Diese Belehrungen, meine Brüder, gelten ohne Ausnahme. Jesus Christus hat sie an alle Gläubigen gerichtet und es gibt keinen, den sie nicht betreffen… Weil jeder Christ Schüler Jesu Christi ist, ist er verpflichtet, diese Worte für seine Herzensbildung wie einen Befehl zu empfangen. Er muss nicht nur in aller Aufrichtigkeit bereit sein, seine Güter aufzugeben, seine Ehre und alles, was ihm durch die Ungerechtigkeit und Gewalttätigkeit der Menschen geraubt werden kann, sobald er erkennt, dass Gott es von ihm verlangt und er sich darin im Interesse

Seines Dienstes und Seines Ruhmes aufgefordert sieht, sondern er muss darüber hinaus, wenn er verpflichtet ist, dem Übel Widerstand zu leisten, und gezwungen ist, sich den Plänen derjenigen, die ihm sein Hab und Gut rauben wollen, zu widersetzen, so sehr von innen heraus von seinen Interessen Abstand nehmen, als ob er in Wirklichkeit ihren Erhalt und ihre Verteidigung aufgegeben habe.

Gott, der den Christen den Gebrauch der irdischen Güter gestattet, will nicht, dass sie an ihnen hängen. So darf es bezüglich der inneren Einstellung überhaupt keinen Unterschied geben zwischen einem Christen, der sich einer Beleidigung oder eines Unrechts erwehrt, und einem Christen, der solches erduldet.

Was die Verwirklichung und die Konsequenzen angeht, fordert Gott dies nicht gleichermaßen von jedem: Er stellt allen Menschen die Vollkommenheit vor Augen, aber Er verlangt Vollkommenheit nicht von allen. So bedeutet die Weisung: *‚Wenn dir jemand etwas wegnimmt, verlang es nicht zurück'* einen Rat für die einen und ein Gebot für die anderen.

49. Asketische Lebensformen und Frömmigkeit: Enthaltsamkeit, Armut und Gehorsam

Kap. XVIII, Frage 7, S. 293 ff.

Pflanzen und Gemüse findet man kostenlos und lassen sich mühelos zubereiten. Der Dienst der Mitbrüder ist frei von den Sorgen, die sich immer dann einstellen, wenn die Nahrung verfeinert und ihre Zubereitung schwieriger ist. So erfüllt Martha in aller Ruhe ihren Dienst und es gibt keinen Grund, ihr zu sagen: ‚*Warum sorgst du dich um so viele Dinge?*'.

Einfache Nahrungsmittel tragen zur Reinheit des Leibes bei, mäßigen dessen Triebe und bieten den Leidenschaften Einhalt. Die Natur findet in ihnen das, was zur Selbsterhaltung notwendig ist, aber es gibt nichts Überflüssiges, das man missbrauchen könnte.

Da die Verdauung zügiger vonstatten geht und die Winde, die sich daraus ergeben, sich leichter verflüchtigen, ist der Geist frei und folglich auch die Gedanken, die Gebete, die Meditationen und alle anderen reineren, nützlicheren und heilsameren Tätigkeiten (eines Mönches).

Ein Kloster, welches diese enthaltsame Lebensart bewahrt, kann mit wenigen Gütern eine zahlreiche Gemeinschaft unterhalten; die Einhaltung der Ordensregel ist dort genauer, die Disziplin vor Ort lebendiger.

Dort können die Mönche in Ruhe und Andacht verharren, was nicht möglich wäre, wenn die Verschiedenartigkeit der Betätigungen und Verpflichtungen einer Gemeinschaft auf eine kleine Anzahl von Personen verteilt wird. So wird Gott besser gedient, es wird für das Volk mehr segensreiche Beispiele und mehr Erbauung für die Kirche geben.

Wenn man in Klostergemeinschaften lebt, die hohen finanziellen Aufwand benötigen, fürchtet man einen Zuwachs an Ordensbrüdern, man misst deren Anzahl am Einkommen und lässt keinen zu, der nicht irgendwie Nutzen bringt. Bei Neuaufnahmen zählen fast immer menschliche Interessen und Rücksichten. Dagegen führt die karge Lebensweise dazu, dass man niemanden zurückweist und in der Lage ist, all diejenigen aufzunehmen, die dazu bereit sind. Somit sind Klöster wie Häfen, deren Zugänge offen sind für alle, die vom Meer der Außenwelt kommen, die vom Wehen des Heiligen Geistes dorthin getrieben wurden und die die Barmherzigkeit Gottes vor Schiffbruch bewahrt hat.

Mönche, die wie arme Leute leben, sind immer reich; ihnen mangelt es an nichts, ihre Armut bringt ihnen Überfluss; sie verzichten auf überflüssige Dinge und beschränken sich auf das Notwendige. Sie sind in der Lage, mit den Armen in Christo, die sie als ihre Brüder betrachten, die Güter zu teilen, die sie durch Seine Großzügigkeit besitzen. Und da ihre Hände immer offen sind, um ihnen in ihren Nöten Beistand zu leisten, überhäuft sie Gott mit Segen und verschließt nie Seine Hände in Anbetracht ihres erbarmungswürdigen Lebens.

Meine Brüder, lasst euch nicht täuschen und haltet euch ständig vor Augen, dass eure enthaltsame Lebensweise, eure Einsamkeit, dieses Sackleinen, welches euren Kopf bedeckt, dass das Gemüse und die Pflanzen, die euch als Nahrung dienen, dieser asketische Lebensstil, dieses Fasten und die harten Liegen zu eurer Rechtfertigung dienen und die Frömmigkeit eines Mönches ausmachen.

Denn es kommt nur allzu oft vor, wie der heilige Cyprian bemerkt, dass man den Geist und die Verlockungen der Welt unter dem Deckmantel der Frömmigkeit verbirgt, sich dem Vergnügen hingibt, Demütigungen ohne Geduld erleidet und nicht weniger Verlangen verspürt, sich für diese zu rächen, als es bei den Laien der Fall sein kann.

Was diese Gefahr verursacht, ist die Tatsache, dass es leichter ist, seine Sinne zu beherrschen, als die Regungen seines Herzens.

…

Tragt also nicht weniger Sorge für die Reinheit eurer Seele als für die eures Leibes. Es soll nie vorkommen, dass ihr auf Grund eurer strengen Lebensführung überheblich werdet und euch blenden lasst. Glaubt getrost, dass sie dem Plan Gottes entspricht, denn ihr folgt damit nur dem Beispiel der Altväter, aber alles was ihr tut, wird euch keinen Nutzen bringen, wenn ihr nicht alle Anstrengungen unternehmt, um ihnen ähnlich zu werden bezüglich ihrer Tugenden der Seele. Ohne dies würden all eure Anstrengungen und Mühen keine Frucht bringen.

50. Buße und Nachahmung Jesu Christi

Kap. XXII, Frage 7, S. 594

Wir können behaupten, so viel Mühe aufgewendet zu haben, um die Wege zu ebnen, Dornen und Disteln auszureissen, dass man, woher auch immer man zu Jesus Christus kommen will, nur über ebenes und offenes Feld geht. Wir haben nicht gewagt, gegen die Notwendigkeit anzukämpfen, das Kreuz auf sich zu nehmen, denn das Wort Jesu Christi ist in diesem Zusammenhang nur allzu klar.

Wir zögern aber keineswegs, dessen Verpflichtung abzuschwächen oder zu umgehen durch unsere Interpretation und die Art und Weise, wie wir sie erfüllen. Und da wir in allen Ständen und Berufen das Geheimnis entdeckt haben, wie diese Pflichten mit einem süßen, angenehmen und zügellosen Leben in Einklang zu bringen sind, braucht man sich nicht zu wundern, wenn man das, was sich bei den gängigen Praktiken und üblichen Lebensweisen ergibt, als eine Art Wahnsinn und seltsam lasterhaftes Verhalten ansieht.

Es ist wahr, dass Jesus Christus sich als Opferlamm hingegeben hat, um die Welt mit Gott zu versöhnen, und dass die Gnade, um die er Ihn gebeten hat, Ihm zuteil wurde durch die Inständigkeit Seines Gebetes, durch Sein würdevolles Sterben und dank Seines Blutes.

Trotz allem müssen die Menschen auch ihren Beitrag durch ihre Leiden leisten; das Urteil, welches Gott über ihre Erbsünde gesprochen hat, ist keineswegs zurückgenommen worden; es besteht weiterhin. Jesus Christus hat nur die Natur der Strafen umgewandelt, Er hat sie zu Heilsinstrumenten gemacht. Sie waren einmal Merkmale des Fluches und des Zornes Gottes, nun sind sie zu

Stufen auf der Leiter zur Glückseligkeit geworden, die Er durch Seine Leiden für uns erwirkt hat.

Schließlich hat Jesus Christus die Strafe für die Sünde in einer Weise auf sich genommen, die die Menschen keineswegs davon befreit hat, sie auch zu erleiden; Er hat den Kelch getrunken, um uns würdig zu machen, ihn nach Ihm zu trinken; Er wollte, dass er von Seinem Mund weitergereicht wird zum Mund aller Sünder, gemäß den Worten des Propheten: *Ihn müssen alle Frevler der Erde trinken.* Was der Kelch an noch Bittererem beinhaltet, hat Er für die bestimmt, die Seinem Herzen am nächsten sind und Ihm auf ganz besondere Art und Weise geweiht sind. So ist es eine Täuschung zu behaupten, man könne Anspruch auf Seine Herrlichkeit erheben, ohne an Seinen Leiden teilzuhaben.

Dies würde bedeuten, die so notwendige, heilsame und anbetungswürdige Ordnung umzustoßen, die Er durch Sein eigenes Beispiel aufgerichtet hat, würde bedeuten, jene ganz außerordentliche Harmonie zu zerstören, die zwischen dem Haupt und den Gliedern bestehen muss, anstatt, wie es der heilige Apostel ausdrückt, das Todesleiden Jesu Christi an unserem Leib zu tragen, d.h. unsere Begierden, Leidenschaften und Neigungen der Natur ans Kreuz zu heften mit den Nägeln der Erniedrigung und der Buße.

Darin, meine Brüder, besteht euer Schicksal, was man sonst auch immer behaupten mag, dies ist euer Beitrag und eure Würde.

Dies ist das Merkmal der Erwählung, mit dem es Gott gefallen hat, euch zu behandeln, indem Er euch zu Seiner Herrlichkeit bestimmt und euch dazu aufruft, das Erbe Seiner Heiligen anzutreten.

51. Cîteaux und die körperliche Arbeit

Kap. XIX, Frage 1, S. 335

Absichtlich habe ich noch gar nicht zu Euch über die Mönche des Zisterzienserordens gesprochen und sie ein wenig beiseite gelassen, damit Ihr, wenn Ihr sie gleichermaßen aus der Menge herausgehoben seht, Euren Blick aufmerksamer auf sie lenken und so bemerken könnt, wie eifrig und genau sie ihrer Arbeit nachgingen. Jene bewundernswerten Menschen, die sich zur Regel gemacht hatten, das Vermächtnis ihres Ordensgründers buchstabengetreu in die Tat umzusetzen und jede Auslegung und Erklärung, die seinem Geist und seinem Willen vielleicht nicht entsprachen, zurückzuweisen, betrachteten manuelle Arbeit als eine grundsätzliche Verpflichtung, und es gab keine, die zu mühsam für sie war. Sie schnitten das Korn zur Erntezeit, machten unbebautes Land urbar und fällten in den Wäldern Bäume zum Bau von Klöstern; sie errichteten Häuser, brachten den Mist auf die Felder, machten Heu und schoren die Schafe …

Ordensleute jener Zeit, eifersüchtig auf eine solch herausragende und vorbildhafte Heiligkeit, ließen es nicht daran fehlen, deren

Lebensführung in Verruf zu bringen und deren Tätigkeiten, so aufbauend sie auch waren, als neuartiges Verhalten, Geschmacklosigkeit und Maßlosigkeit gelten zu lassen. Aber diese Mönche, von Gott inspiriert und Sein Urteil ständig vor Augen, kümmerten sich nicht um das der Menschen. Sie folgten ihrer Berufung einmütig und mit stets gleichem Eifer, wie besonders groß gewachsene Menschen, die ihren Lauf fortsetzen, ohne ihn zu unterbrechen beim Lärm von Kindern, die aus Überraschung über deren Größe und Schnelligkeit hinter ihnen her rufen.

Frage 2, S. 344 f.

Dies war allgemeine Praxis bei den Eremiten des Ostens, als die Frömmigkeit noch makellos war und man das einfache Leben beibehielt. Zu seiner Zeit hat es der hl. Benedikt hier im Abendland wieder eingeführt. Mehrere Klostergemeinschaften, die nach seiner Regel gelebt haben, haben es bewahrt; und neben einigen anderen haben die Zisterziensermönche es genau dem Buchstaben entsprechend wieder eingeführt. Über das hinaus, was wir schon darüber berichtet haben, hier noch einmal der Inhalt einer ihrer wichtigsten Satzungen: *„Die Mönche unseres Ordens müssen von der Arbeit ihrer Hände leben; dafür müssen sie Felder bebauen und Vieh füttern … folglich ist es ihnen gestattet über Wasserrechte zu verfügen, Wälder, Weinberge, Wiesen und Äcker zu besitzen, die fernab von den Wohngebieten der Menschen liegen* *sollten.“* Es ist aber noch erwähnenswert, dass, weil sie die alten Mönche nachahmten, welche durch ihrer Hände Arbeit ganze Länder und Regionen in ihrem Bestand sicherten, ihnen ihre großen Arbeitsleistungen die Mittel an die Hand gaben, Pilger zu unterstützen, Arme zu trösten und fremde Besucher aufzunehmen.

Der Kardinal von Vitry hatte Recht, als er sie mit Ochsen verglich, die, obgleich sie mit ihren Hufen die Garben dreschen, sich damit begnügen, Stroh zu fressen und die Körner zur Ernährung ihren Herren zu überlassen.

52. Von der Handarbeit (1)

Kap. XIX, Frage 1, S. 313 f.

Es gibt überhaupt keine Bußübung, meine Brüder, die unter Mönchen mehr praktiziert und empfohlen wurde als die Handarbeit. Sie wurde so umfassend für notwendig erachtet, dass fast alle nach einer Klosterregel lebenden Gemeinschaften sie vorgeschrieben haben und die Mönche sie immer zu ihren ersten Pflichten zählten. … Diese Praxis empfiehlt sich von selbst, denn sie hat ihren Ursprung im Arbeitsleben Jesu Christi, wird beglaubigt durch das Beispiel der Apostel, durch den Standpunkt der Kirchenlehrer und durch fast alle Regelwerke der heiligen Gründerväter…

Der hl. Benedikt hat sie grundsätzlich verpflichtend gemacht. Die Muße, sagt er, ist der Feind der Seele; deshalb müssen sich die Ordensbrüder für eine bestimmte Zeit mit Handarbeit beschäftigen. Er will, dass sie ernten, wenn eine Notlage oder Armut sie dazu zwingt, und dass sie Korn mit Freude aufhäufen, weil sie, wie er sagt, erst Mönche sein werden, wenn sie wie unsere Urväter und die Apostel von ihrer Hände Arbeit leben. An vielen Stellen seiner Ordensregel kann man lesen, dass er die körperliche Arbeit zu den wichtigsten Praktiken des Ordenslebens zählt. …

53. Von der Handarbeit (2)

Kap. XIX, Frage 9, S. 396 f.

Tun Ordensleute gut daran, auf körperliche Arbeit zu verzichten, um mehr Zeit für das Gebet zu haben und dadurch ihr Leben spiritueller zu gestalten?

Von der körperlichen Arbeit Abstand zu nehmen ist keineswegs ein Mittel, um zu einer vollkommeneren Frömmigkeit zu gelangen; diejenigen, die die Geschäftigkeit einer Martha ablehnen, übernehmen deshalb nicht automatisch die Rolle der Maria. … Gäbe es nur die Lebenserfahrung, beseitigt sie in diesem Punkt jedweden Zweifel, denn wir wissen, dass die Mönche nie in größerer Heiligkeit lebten und nie einen besseren Ruf besaßen als zu der Zeit, wo sie den einfachen biblischen Lebensstil bewahrten und von ihrer Hände Arbeit lebten. Als sie jedoch unter speziellen Vorwänden diese heilsame Übung aufgaben, fielen sie in ein unheilvolles Nichtstun, welches sie zur Schande für die Welt machte.

Frage 10, S. 398 f.

Passt körperliche Arbeit noch zu Mönchen, wo man sie heute doch fast alle zum priesterlichen Dienst erhebt?

Die Ordensregeln, die uns die heiligen Gründerväter gegeben haben, verpflichten gleichermaßen alle Mönche zur Arbeit, ohne Unterschied und ohne spezielle Befreiung davon. Und wenn auch der Gedanke passend erschien, diejenigen, die im Orden einen priesterlichen Dienst ausübten, davon auszunehmen, so erlaubt im Gegenteil der hl. Benedikt nicht, dass man Priestern davon den geringsten Dispens gewährt. Er unterwirft sie wie alle anderen der ganzen Strenge der Ordensdisziplin. Er will, dass sie ohne Unterschied die gemeinsamen Regeln einhalten, sie sogar ihre Mitbrüder in allen Übungen übertreffen und ihnen als Beispiel dienen.

Was ihre Tätigkeiten angeht, haben sie keinen Sonderstatus, es sei denn man betraut sie mit der Aufgabe der Seelenführung, in welchem Fall sie noch stärker verpflichtet sind, in allen Dingen ein Vorbild für ihre Mitbrüder abzugeben. Mag man auch behaupten, sie sollten als Priester über größere Kenntnisse verfügen, so lässt sich darauf leicht antworten, dass, wenn sie zuverlässig die ganze Zeit, die sie aufbringen können und die die Ordensregeln für die Schriftlesung festlegen, ohne auch nur einen Moment davon zu verlieren, ihnen davon mehr als nötig zur Verfügung stehen wird, um die notwendige Fähigkeit zu erwerben und um bedeutende Lehrer in der Ausbildung von Heiligen zu werden.

…

Wundert Euch nicht über die große Zahl der Schwierigkeiten auf diesem Gebiet. Eine Wahrheit, so fundiert sie auch sein mag, trägt immer tausend Gründe in sich, die gegen sie sprechen. Fleisch und Blut tun alles, was sie können, um alles Heilige zu zerstören und die Dinge, die klar und offensichtlich sind, zu verdunkeln.

54. Warum eigentlich arbeiten?

Kap. XIX, Frage 2, S.340 f.

Einer der wichtigsten Gründe, der dazu geführt hat, dass die Urväter körperliche Arbeit eingeführt und dafür feste und allgemeingültige Regeln aufgestellt haben, war die Absicht, ihr Leben auszufüllen, darin keine Leere aufkommen zu lassen und zu verhindern, dass Mönche sich beim Müßiggang ertappen. Sie wussten nämlich, dass sie in dem Moment, in dem sie keinen heilsamen Beschäftigungen nachgehen, zwangsläufig schädlichen Dingen ausgesetzt sind, da Nichtsnutz allen Lastern die Tür öffnet und sie allen Tugenden verschließt. Daher rührt, dass, wie Kassian erwähnt, die alten Wüstenväter Ägyptens zu sagen pflegten, ein Mönch, der arbeitet, werde nur von einem Dämon heimgesucht, der aber, der gar nichts tue, von unendlich vielen angegriffen...

Alle heiligen Urväter, deren Vorschriften und Standpunkte wir vorgebracht haben, haben dieselbe Ansicht vertreten, genauso wie der hl. Bernhard, der in seiner Regel ausdrücklich betont, dass einer der Beweggründe, die ihn dazu veranlasse, Handarbeit vorzuschreiben, derjenige sei, damit seiner Mitbrüder Müßiggang zu vermeiden, den er als einen erbitterten Feind für die Seelen hält. ...(s.343 f.) Der zweite Grund, der die Urväter sosehr dazu veranlasste, körperliche Arbeit zu empfehlen, ist der, dass sie glaubten, es sei eine Schande für einen Mann, der sich für ein Mönchsleben entschieden hat, das Brot zu essen, das er nicht im Schweiße seines Angesichtes verdient hat. Für sich selbst haben sie folgende Worte der heiligen Schrift wörtlich genommen: *„Im Schweiße deines Angesichts sollst du dein Brot essen.“* und sie waren der Meinung, nichts sei für Büßende, die die Last der göttlichen Berufung und der menschlichen Sündhaftigkeit tragen, angemessener, als die Last zu tragen, mit der Er ihre Sünde hat bestrafen wollen. Sie waren überzeugt, dass die Aussage, die der hl. Paulus an die Thessalonicher gerichtet hat, als er ihnen sagte, dass der, der nicht arbeiten will, auch nicht essen soll, eine Vorschrift sei, die für alle Mönche verpflichtend ist. Auch sei die Anweisung, die der Apostel problemlos in Richtung derjenigen Menschen hatte aussprechen können, die in die Arbeits– und Geschäftswelt eingebunden sind, auch in ganz eigener und besonderer Beziehung an die gerichtet sei, die nicht mehr an ihr teilnehmen und die auf ihren persönlichen Wunsch hin und auf Grund ihres Standes arm sind und sich den Übungen eines Büßerlebens hingegeben haben…

(S. 345) Noch ein dritter Grund hat die ersten Mönche mit solch glühendem Eifer für die manuelle Arbeit erfüllt. Die Belehrung des Apostels, der den Ephesern aufträgt, für die Linderung des Loses der Armen zu arbeiten, beflügelte ihre Nächstenliebe. Sie erkannten Jesus Christus in seinen Gliedern; deren Not betrachteten sie als ihre eigene und schätzten sich glücklich, dass Er in der Person seiner Diener die Früchte ihrer mühevollen Arbeit in Empfang nehmen wolle…

(S. 346) Der vierte Grund ist der, ein Beispiel zu geben. Mönche müssen die Ordensregel vorleben; in ihrer Lebensführung soll man die heiligen Wahrheiten ganz leibhaftig erblicken. Immer wenn die Leute sie beobachten, sollen sie in ihnen das Verdammen aller Laster und ein vollkommenes Vorbild jeglicher Tugend erkennen.… Daraus folgt notwendigerweise, dass sie entweder ihrer Verpflichtung, den übrigen Menschen ein Beispiel zu geben, nicht nachkommen oder im Gegenzug durch ihre besondere Lebensart und durch jede einzelne ihrer Tätigkeiten ihnen zu verstehen zu geben, was sie vermeiden und was sie lieben sollen. …

Um letztlich die sieben Hauptquellen aller Entgleisungen und aller Auswüchse zu vernichten, müssen sie durch ihre Arbeit die

Faulheit verdammen und dafür sorgen, dass ihr arbeitsreiches Leben die Menschen lehrt den Müßiggang zu meiden. Und deshalb scheinen sie um so mehr dazu verpflichtet zu sein, weil schon das Nichtstun alleine fähig ist, eine von allen Leidenschaften befreite Seele in die Abhängigkeit von allen Lastern zurückzuversetzen.

Der Weg der Nichtstuer, sagt der hl. Geist, ist voller Dornen, d.h. dass alle Laster am Ende denjenigen angreifen und besiegen, der sich dem Nichtstun hingibt.

55. Körperliche Arbeit, Leben in der Nachfolge der Apostel

Kap. XIX, Frage 2, S. 348

Man kann auch noch das Beispiel der Apostel als fünftes Motiv für die Pflicht der Ordensleute zur körperlichen Arbeit anführen, wie wir vom hl. Benedikt und vielen anderen lernen, deren Zeugnisse ich eben dargelegt habe. Und in der Tat, es gibt nichts Angemesseneres und sogar Notwendigeres für diejenigen, die sich durch ihre Profess verpflichtet haben, die Apostel in deren Heiligkeit nachzuahmen, als ihnen auch durch ihre Übungen und ihre körperlichen Tätigkeiten nachzueifern.

Wie könnten sie sonst nach jener Vollkommenheit streben, zu der jene gelangt sind, wenn sie nicht auf deren Spuren wandeln und die gleichen Wege einschlagen? Mönche müssen sich also die heiligen Apostel Jesu Christi als Vorbild für ihr eigenes Leben nehmen, denn gemäß dem, was der hl. Bernard sagt, wird Gott von ihnen Rechenschaft verlangen nach der Vollkommenheit jener großen Männer. Da kein Zweifel daran bestehen kann, dass sie mit ihren Händen gearbeitet und mehrere von ihnen ihren Lebensunterhalt mit beruflicher Arbeit bestritten haben, welche Begründung könnten demnach Mönche dafür vorbringen, sich von dem, was die Apostel gemacht haben, frei zu sprechen und zu glauben von der Arbeit, wie jene sie geleistet haben, und von der Nachahmung ihres beispielhaften Tuns ausgenommen zu sein?

Wenn Mönche sagen, Funktionen, die dem Bischofsamt eigen seien, kämen ihnen nicht zu …, so haben sie Recht. Aber zu behaupten, dass Tätigkeiten, Übungen und Pflichten, die zu ihrem Stand passen wie das Fasten, die Nachtwachen, die Buße, die Besitzlosigkeit und die körperliche Arbeit, wofür die Apostel so bemerkenswerte Beispiele geliefert haben, eine Praxis darstellen, die sie vernachlässigen können, so werden sie damit niemals diejenigen überzeugen, die wissen, dass das Leben der Mönche ein Abbild und ein Nachvollzug des Lebens der Apostel sein muss.

56. Arbeit und Demut

Kap. XIX, Frage 2, S. 350 f.

Kassian berührt einen Punkt, der nicht weniger wichtig ist als alle anderen, wenn er sagt, dass Mönche den Luxus und die Vergnügungen des vergangenen Lebens vergessen und die Demut des

Herzens durch die Selbsterniedrigung und die Mühe der Arbeit erwerben müssen.

Wenn diese Motivation allein bestünde, würde sie schon ausreichen, um bei Mönchen die Liebe zur Arbeit zu entfachen und ihnen Eifer für eine Tätigkeit zu verleihen, die fähig ist, sie in solch heilig machenden und alles Übel abwendenden Grundhaltungen zu bewahren. Sie schmälert den Ruf derjenigen, die in der Welt durch ihre Stellung und ihren Reichtum Achtung genießen würden, indem sie sie einer unendlichen Zahl von Personen angleicht, die ein schändliches und verkommenes Leben führen. Sie führt dazu, dass Mönche keine Erinnerung mehr an das haben, was sie vor ihrem Eintritt ins Kloster gewesen sind. Und was die angeht, die auf Grund sowohl ihrer Armut als auch ihrer Herkunft nichts gelten, so führt sie ihnen unablässig ihre Nichtigkeit vor Augen. Sie verhindert, dass Großmut sie überheblich macht und sie die Erinnerung an ihre ehemalige niedrige Herkunft verlieren. Deshalb, meine Brüder, werden wir nicht fehl gehen, wenn wir daran festhalten, dass Mönche durch körperliche Arbeit die Demut erwerben und bewahren und dass, wenn sie sich dieser Verpflichtung in frommer Gesinnung entledigen, sie sich schwerlich zu eitlen Gedanken hinreißen und den bescheidenen und einfachen Lebensstil ihres Standes verlassen.

57. Arbeit, unabhängig von Besitzlosigkeit

Kap.XIX, Frage 3, S. 352-353

Was soll man denen antworten, die behaupten, Arbeit sei notwendig für Mönche, wenn sie arm seien, sie sei aber heutzutage unnütz, da die Zuwendungen der Gläubigen ihnen Einkünfte beschert und für alles Nötige gesorgt hätten?

Da körperliche Arbeit unter Mönchen nicht allein wegen ihrer Armut eingerichtet wurde, sondern es noch viele andere Gründe gibt, die sie notwendig und nützlich erscheinen lassen, darf man nicht daraus schließen, dass sie nicht mehr arbeiten müssen, weil sie gegenwärtig genug haben, wovon sie leben können.

Die Absicht derer, die ihnen diese Güter geschenkt haben, war nicht, ihre Tugendhaftigkeit zu schwächen, sondern sie zu stärken. Gott, der in seiner väterlichen Fürsorge Männer auf den Plan gerufen hat, um Klöster zu gründen, verlangt von den Mönchen ein Entgegenkommen, das sie nur an den Tag legen können durch den Eifer und die Genauigkeit, mit der sie sich der Standespflichten entledigen. Daraus folgt, dass, wenn auch keine Notlage sie zur körperlichen Arbeit zwingt, sie dennoch, wie der hl. Bernard sagt, bestehen bleiben soll auf Grund der Ordensdisziplin gemäß der Regel, der Autorität der heiligen Urväter, der Liebe zur Bußfertigkeit, der Abtötung der Leidenschaften, der geistigen Demut, der Abkehr von Faulheit und allen Entgleisungen, die daraus folgen, auf Grund der Verpflichtung, ein Beispiel zu geben, und schließlich aus dem Wunsch heraus, den heiligen Apostel nachzuahmen, der, statt von der Frohen Botschaft und von dem Lohn zu leben, der ihm für die Verkündigung des Wortes zustand, mit seinen Händen arbeitete, nicht nur um keinem auf der Tasche zu liegen, sondern vor allen Dingen um den Gläubigen jede Gelegenheit zur Entrüstung zu nehmen und um zur Erbauung der Kirche beizutragen.

Ihr seht also, meine Brüder, dass die Verpflichtung der Mönche zur Handarbeit sich auf so viele fest verankerte und wichtige Gründe stützt, dass man nicht von ihr lassen kann, auch wenn die Begründung wegen Armut nicht vorliegt. Da der Apostel durch seine Arbeit auf ein Gut verzichten wollte, das ihm eigentlich legitimer Weise zustand, um es seinen Brüdern nicht aus der Hand zu reißen, ist es gleichermaßen nötig, dass Ordensleute arbeiten und an die Armen das verteilen, was sie von dem erwirtschafteten Einkommen abzweigen können.

58. Womit sich Mönche beschäftigen sollen

Kap. XIX, Frage 4, S. 354

Wäre es für Mönche nicht nützlicher, ihre Zeit mit Lektüre und Studium zu verbringen, anstatt zu arbeiten?

Zuallererst, meine Brüder, kann man darauf antworten, dass für Mönche die nützlichste Beschäftigung diejenige ist, die ihrem Stand am meisten zukommt und die dem Auftrag Gottes und Seinem Willen mehr entspricht. Nun ist es aber sicher, dass Mönche nicht zum Studieren bestimmt sind, sondern Buße zu tun; auch dass es ihre Lebensaufgabe ist zu weinen und nicht zu belehren und dass Gottes Plan, als Er das Mönchtum in Seiner Kirche entstehen ließ, nicht darin bestand, Lehrer auszubilden sondern Büßer. Und wenn es unter ihnen auch welche von herausragender Bildung und Heiligkeit gegeben hat, so geschah dies durch eine ganz besondere Fügung Gottes, der als Herr über die Menschen tut, was Ihm gefällt, ohne sich den allgemeinen Gesetzen zu unterwerfen. Man kann sagen, dass, wenn Er gewisse Mönche aus der Dunkelheit des Schweigens und der Einsamkeit herauszogen hat, um sie zur Verteidigung des Glaubens und zur Unterweisung der Völker in den Dienst der Kirche zu stellen, hat Er sich einfacher und auf Grund ihres Standes und aus Sicht der Welt verachtenswerter Personen bedienen wollen, um den Hochmut und die Nichtigkeit menschlicher Weisheit zu Schanden werden zu lassen.

Obwohl es Mönche gibt, die sich durch Gelehrsamkeit auszeichnen, was außergewöhnlich ist und eigentlich ihre Berufung übersteigt, so ist dieser nicht nachzueifern. Es wäre nichts unvernünftiger als unter diesem Vorwand die Handarbeit abzuschaffen, die Bestandteil aller Ordensregeln ist, angeordnet und genau so praktiziert von allen heiligen Gründervätern, und sich vorzustellen, dass ein Studium, welches sie nie zu den Tätigkeiten zählten, die Mönche beschäftigen sollen, für sie mehr Segen und Vorteile enthalte.

Zweitens gibt es wenige Personen, die in der Lage sind, ein ausgedehntes und intensives Studium zu betreiben, und man findet kaum Ordensbrüder, die alle Tagen ihres Lebens ihre gesamte verfügbare Zeit dem Studium widmen, selbst wenn sie überhaupt nicht mit körperlicher Arbeit beschäftigt werden. Das wissenschaftliche Studium wird ihnen notwendigerweise unangenehm werden. …

Und es wird vorkommen, dass diese Beschäftigung, die ihnen nur gegeben wurde, um sie in der Heiligkeit ihres Standes zu bewahren, eine gegenteilige Wirkung hat.

Ihr müsst wissen, meine Brüder, dass es kaum ein Jahrhundert gegeben hat, welches durch das Verdienst ihrer wissenschaftlichen Arbeit schätzenswertere Ordensbrüder hervorgebracht hat als das neunte Jahrhundert. Hingegen hat es auch keins gegeben, wo der Niedergang der klösterlichen Ordnung größer und weiter verbreitet gewesen ist …

Man täuscht sich also, wenn man die körperliche Arbeit durch wissenschaftliche Betätigung ersetzen will und sich vorstellt, man könne mit einigem Nutzen die Lücken füllen, die man bei Mönchen vorfindet, die gar nicht körperlich arbeiten, indem man sie mit Geistes- und Naturwissenschaften beschäftigt.

Kap. XIX, Frage 5, S. 358 f.

Steht nicht zu befürchten, dass Mönche, wenn sie sich nicht wissenschaftlich betätigen, in primitive Unwissenheit und infolgedessen in Zügellosigkeit abgleiten?

Eine solche Furcht wäre sicherlich sehr schlecht begründet. Mönche werden nie der Disziplinlosigkeit verfallen, solange sie in ihrem Hause beständig wohnen bleiben, in der Beobachtung ihrer Ordensregel genau sind und sorgfältig auf den Wegen gehen, die ihnen von ihren Ordensgründern vorgezeichnet wurden...

Es gibt ebenso wenig Anlass für die Vorstellung, Mönche befänden sich in einem Zustand der Unwissenheit, wenn sie sich nicht wissenschaftlichen Studien hingeben .... Ein Ordensmann kann nicht als Unwissender gelten, wenn er weiß, was ihn sein Gelübde zu wissen verpflichtet, und er über die dafür notwendigen Kenntnisse verfügt, vorausgesetzt er weiß, was es heißt, Jesus zu lieben, Sein Kreuz zu tragen, Ihm zu folgen und Ihm zu gefallen. Ein solches Wissen erwirbt man nicht durch ein Studium: diesbezüglich ist Jesus Christus der Lehrmeister. Von Ihm müssen wir es erlernen. Was wir auch tun, wir werden nie darüber verfügen, wenn Er es nicht selbst mit Seinem Finger, welcher Sein heiliger Geist ist, in den Grund unserer Seelen eingraviert. Die Mittel, um von Ihm ein solch kostbares Geschenk zu erhalten und derer sich Mönche bedienen müssen, sind die Demut des Geistes, der Gehorsam des Herzens und äußerste Genauigkeit bei der Erfüllung ihrer Pflichten. Man darf nicht im Geringsten daran zweifeln, dass, wenn sie treu und eifrig alles erledigen, was ihre Ordensregel ihnen vorschreibt – oder besser gesagt – was Gott selbst ihnen durch ihre Regel vorschreibt, dass sie dann jenes alles übersteigende Wissen erwerben, denn dieses ist es, welches Heilige hervorbringt und bildet.

59. Über die geistliche Lesung

Kap. XIX, Frage 5, S. 360 f.

Wenn auch die heiligen Altväter keineswegs wollten, dass Mönche sich literarischen Studien oder naturwissenschaftlicher Forschung widmen, so haben sie doch besonderen Wert darauf gelegt, sie zu bilden und ihnen profunde Kenntnisse von dem zu vermitteln, was ihre Berufung betrifft, deren Einstellung zu ihr zu fördern und ihnen deren Grundsätze beizubringen. Deshalb haben sie ihnen auch das Lesen zur Pflicht gemacht und zu einer regelmäßigen Übung verordnet, wie sie auch der hl. Benedikt als eine Hauptbeschäftigung empfohlen hat.

Aber in der Tat, wenn solche Lektüre auch nichts Sensationelles beinhaltet und auch nicht die geringste Zerstreuung hervorrufen kann, so soll sie doch nur das Lesen der hl. Schrift betreffen sowie die Werke der Urväter, deren Lebensbeschreibungen und die Art und Weise, wie sie ihr Leben in Wort und Tat gestalteten. Darin fanden sie alles, was ihre Liebe entzünden, ihren Eifer beflügeln, ihre Buße erwecken, die Weltverachtung in ihnen mehren und sie in ihrem Verlangen nach dem Tod und in ihrer Erwartung des ewigen Lebens bestärken konnte. Die Verschiedenartigkeit ihrer Beschäftigungen unterteilte mit solch ordentlicher Regelmäßigkeit ihren Tagesablauf, dass durch die Einteilung keine Leere und keine Zerstreuung aufkommen konnte. Man kann sagen, dass ihr ganzes Leben aus dem Singen des Gotteslobes, aus der Betrachtung Seines Gesetzes, aus der Lektüre der heiligen Schriften und der körperlichen Arbeit bestand.

Urteilt nun selbst, meine Brüder, ob Anlass dazu besteht, Mönche grober Unwissenheit anzuklagen, wenn sie ihr Leben ausschließlich mit diesen Betätigungen und Kenntnissen verbringen, und zu befürchten, sie würden der Disziplinlosigkeit verfallen, wenn sie nicht durch die Hilfe wissenschaftlicher Tätigkeit gestützt würden.

Die göttliche Vorsehung hat für all ihre Bedürfnisse Sorge getragen; man braucht also nicht auf ungewöhnliche Mittel zurückzugreifen. Die Ordensregeln enthalten alles zu ihrer Heiligung Notwendige. Nur müssen wir die Ordensleute dazu bringen, sie einzuhalten und wirklich nach dem Wortlaut ihrer Profess zu leben, um Verstößen gegen die Regel zuvorzukommen oder sie abzustellen, falls sie eingetreten sind.

60. Geistliche Lesung und Studium

Kap. XIX, Frage 5, S.361 f.

Seid überzeugt davon, meine Brüder, dass die Beschäftigung mit Wissenschaften eine Feindin des Geistes ist, der die ganze Lebensführung der Mönche beseelen muss. Wenn es auch heilige Mönche gegeben hat und noch immer welche geben kann, die über eine hervorragende Bildung verfügen und die durch ihre Gelehrsamkeit der Kirche gedient haben, so würde man doch einer so gottgefälligen Berufung entgegenwirken, wenn man diese Beispiele zur allgemeinen Regel machte und das Studieren als einen Punkt in der Lebensführung nach den Ordensregeln betrachtete. …

Welch ein Trugschluss besteht darin zu meinen, das einfache, demütige, bußfertige und andachtsvolle Leben, welches in den Klöstern herrschen muss, lasse sich vereinbaren mit dem Wissensdurst, der Zerstreuung, der Eitelkeit und den Anfechtungen, die man in den Schulen antrifft?

Wir wissen, worin der Nutzen und die Notwendigkeit von Wissenschaft bestehen. Wir wissen, dass die größten Übel innerhalb der Kirche durch die Ignoranz ihrer Diener verursacht wurden, wir wissen aber auch, dass es die Weltgeistlichen sind, denen Jesus Christus den Auftrag erteilte, die Völker zu unterweisen; ihnen kam es zu, durch die Verkündigung des Wortes das Licht in die Welt zu bringen; von Gott haben sie den Schlüssel zum wah-

ren Wissen erhalten; ihre Stellung verpflichtet sie dazu, in theologischen Fragen Bescheid zu wissen und die ganze Tiefe der Glaubenssätze und die Geheimnisse der Überlieferung zu durchdringen. Gott, der sie beruft, der von ihnen eine profunde Kenntnis der kirchlichen Dinge verlangt und sie als Lehrer und Wissensvermittler eingesetzt hat, verzichtet keineswegs darauf – vorausgesetzt sie legen Wert darauf, sich ihrer Berufung treu zu erweisen – sie vor all diesen
verschiedenen Gefahren zu schützen, die fast immer die Reinheit und den Segensreichtum der Lehre beeinträchtigen, selbst bei denen, die in größerem Maße darüber verfügen.

Was die Mönche angeht, so sind sie verpflichtet, nicht durch wissenschaftliche Studien, sondern durch ihr Schweigen, ihr zurückgezogenes Leben und durch ihre körperliche Arbeit die Kirche aufzubauen und ihr zu dienen. Jedes Mal wenn sie sich davon entfernen – es sei denn, ein offensichtlicher Auftrag Gottes oder eine zwingende Notwendigkeit bringe sie dazu – gibt es keinen vergleichbaren Regelverstoß, der sie bedrohen kann, und keine größeren Verirrungen, in die sie verdientermaßen geraten, da sie Jesus Christus selbst auf die Probe stellen und deshalb unwürdig Seines Schutzes sind.

61. Über die äußere Buße

Kap. XVI, Frage 1, S. 1 f.

Die Urväter haben die äußere Buße aus bestimmten Tugenden und gewissen grundsätzlichen Übungen bestehen lassen, mit Hilfe derer sie ihre Sinne beherrschen lernten und ihren Leib dem Geist unterwarfen. …

Ihr wisst, was uns die Geschichte dieser Heiligen über die Bußübungen gelehrt hat, zu denen sie ihr großer Eifer geführt hat. Aber abgesehen von jenen erstaunlichen Bemühungen und den jeden Rahmen sprengenden Bußübungen, die einige jener von Gott inspirierten Menschen auf sich genommen haben, eher um der Welt Zeichen Seiner Allmacht und Motivationen für Seine Verehrung zu geben als um Regeln und Verhaltensmodelle aufzustellen, sage ich euch, meine Brüder, dass wir jene Tugenden und Praktiken auf sechs oder sieben Hauptelemente reduzieren können, d.h. das Leben in Zurückgezogenheit, das Schweigen, das Fasten, einfache Ernährung, das Wachen, die Armut und Geduld in Krankheit und Leiden. Wir finden sie in ihren Lebensbeschreibungen; wir finden sie in der von Jesus Christus als ihrer Quelle.

Die heiligen Ordensgründer, unsere Lehrmeister haben sie uns durch ihre Ordensregeln auferlegt, die sie uns hinterlassen haben und die wir um so mehr verpflichtet sind zu praktizieren und zu befolgen, da sie so maßvoll sind, dass sie unsere Kräfte keineswegs übersteigen. Diejenigen, die noch sehr am weltlichen Leben hängen und die selbst in der klösterlichen Einsamkeit den weltlichen Dingen noch gefühlsmäßig verhaftet sind, werden darin Schwierigkeiten ausmachen und keine Gelegenheit auslassen zu sagen, man lege ihnen ein unerträgliches Joch auf, weil sie ständig geneigt sind, auf die Klagen der Natur zu hören und deren Anspruch zur Geltung zu bringen gegen die Impulse der göttlichen Gnade; es berühren sie mehr die Eingebungen seitens des Fleisches und des Blutes als die, die vom Heiligen Geist kommen.

…

Was diejenigen angeht, die sich auf Grund ehrlichen Verzichts und wahrhaftiger Abkehr von den Gütern, Genüssen, Annehmlichkeiten, Vergnügungen und Tröstungen, auf die man in der Welt draußen trifft, für ein Leben in Zurückgezogenheit entschieden haben, so streben sie nach größeren Zielen, weit entfernt davon, in diesen heiligen Übungen etwas zu sehen, was über die Vervollkommnung und die Strenge, die sie sich auferlegt haben, hinausgeht. Dabei können die Ordensregeln ihrem Verhalten Grenzen setzen, aber ihr innerstes Verlangen nicht zufrieden stellen.

62. Vom Wachen

Kap. XX, Frage 1, S. 411 f.

Welche Gründe hatten die Urväter dafür, sich bei der Einhaltung des Wachens so genau und streng zu zeigen?

62. Vom Wachen

Da die Urväter nichts sehnlicher wünschten, als dem Willen Gottes zu entsprechen und zu der Vollkommenheit zu gelangen, für die Er sie bestimmt hat, legten sie ihr Hauptaugenmerk darauf, alle Hindernisse zu vermeiden, die sie davon abbringen könnten, und nach allen Mitteln und Wegen Ausschau zu halten, die sie bei der Ausführung ihres Planes unterstützen konnten. Und weil es ihnen gut erschien, dass das Wachen viel dazu beitragen könnte, haben sie möglichst viel von ihrem Schlaf abgezogen und diesem nur die Zeit eingeräumt, die sie den Bedürfnissen und dringenden Notwendigkeiten der Natur nicht verweigern konnten.

- Erstens: Sie betrachteten es als eine ganz besondere Gnade, es in diesem Punkt Jesus Christus gleichzutun, der die Nächte in Einsamkeit und im Gebet verbrachte.
- Zweitens: Sie ahmten hierin die Apostel nach, die dem Beispiel ihres Meisters folgten, sie sangen den Lobpreis Gottes in den Stunden, in denen sich andere gewöhnlich ausruhen, wie wir in der Apostelgeschichte nachlesen können.
- Drittens: Ihr Glaube brachte sie dazu, diese heilsame Praxis ebenfalls zu übernehmen, eine Praxis, die in der Frühzeit der Kirche den Christen so sehr anempfohlen wurde, welche sich nachts versammelten, um zu beten und um sich gegenseitig zu trösten beim Lesen der Hl. Schrift und beim Singen der Hymnen und Loblieder, sei es, weil sie die Tage für zu kurz hielten, um ihrer Inbrunst, ihrem Eifer und ihrer Got-

tesliebe zu genügen, sei es, weil sie in der Erwartung der zweiten Wiederkunft Jesu Christi sich stets bereit halten wollten gemäß ihrer Überzeugung, dass Er mitten in der Nacht kommen solle, um die Welt zu richten, so wie Er gesagt hatte.

- Viertens: diese ganz göttlichen Menschen, durch all ihr Tun schon im Himmel, hatten die Erde völlig vergessen, sie liebten die Nachtwachen, da sie den Schlaf als eine echte Herabminderung ansehen, weil sie wussten, dass in diesem Zustand die Bewegung des Geistes zum Stillstand kommt…
- Fünftens: Jene großen Heiligen, die mit einer wahrhaft engelgleichen Reinheit ausgestattet waren, litten sehr große Qualen bei dem Gedanken, während des Schlafes würde die Bewachung des Tempels Gottes gleichsam aufgegeben. ..Denn obwohl sie wußten, dass allein der Wille die Majestät Gottes beleidigen kann, beobachteten sie, weil sie sich als Wächter Seines Heiligtum fühlten, gleichwohl nur mit Schrecken alles, was sich in ihnen rührte um ihre Heiligkeit anzugreifen, sei es willentlich oder nicht.
- Sechstens: Sie wussten, dass das Wachen die Glut ihrer Begehrlichkeiten abkühlt, böse Träume verjagt, Tränen der Buße vergießen lässt, die Herzen erweicht, uns gewissenhaft und wachsam bei der Aufsicht über unsere Gedanken werden lässt, die Leidenschaften erstickt, eine lose Zunge zum

Schweigen bringt, allen Kummer aufhellt und alle bösen Geister vertreibt, die die Reinheit unseres Geistes beflecken und die innere Ruhe trüben. Im abendlichen und nächtlichen Gebet würden echte Mönche ihrer Überzeugung nach den ganzen Schatz ihrer Tugendhaftigkeit und alle Reichtümer ihrer Erkenntnis ansammeln.

Sie wussten vielmehr, dass der Schlaf und der Hang zu ungestörter Ruhe die ganze Kraft unserer Seelen erlöschen lässt, unseren Geist mit Dunkelheit erfüllt, unsere Herzen verhärtet, die Quelle unserer Tränen austrocknet, die Frömmigkeit erstickt, Gottes Gegenwart verbannt, das Gebet ablenkt, die Zügellosigkeit der Sinne begünstigt und die Unempfndlichkeit für alles Himmlische, Faulheit, Genussucht nebst Abscheu vor den heiligen Unterweisungen und Schriften hervorbringt.

63. Der hl. Benedikt und die Nachtwachen

Kap. XX, Frage 2, S. 418 f.

Der hl. Benedikt, der abmilderte, was ihm bei den alten Observanzen allzu streng erschien, hat, wie ihr wisst, nicht davon abgesehen, genaue, mühevolle und im Ganzen nützliche Regeln aufzustellen. Sie sind mit Mühe und Qual verbunden, denn die Natur muss sich Gewalt antun, wenn man den Schlaf mitten in der Nacht abbrechen muss. Und sie sind nützlich, nicht nur weil man in dem Gott dargebrachten Opfer auf Grund der Pein, die man dabei empfindet, und in der daraus folgenden Abtötung des Leibs einen Nutzen erkennt, sondern weil darüber hinaus die Gebete, die man an Ihn richtet, in der Dunkelheit immer reiner, inbrünstiger und lebendiger sind und, da der Geist durch die Verschiedenartigkeit der uns umgebenden Gegenstände weder zerstreut noch abgelenkt ist, die Aufmerksamkeit vollkommener und das Lob, welches man Ihm singt, Seiner würdiger ist. (…)

Ihr seht, meine Brüder, wie wichtig und notwendig das Wachen für den Ordensstand ist und dass die heiligen Ordensgründer es nur aus sehr begründeten und heilsamen Überlegungen und Erwägungen heraus vorgeschrieben haben. Da es fast einen unendlichen Segensreichtum beinhaltet, würdet ihr keine Früchte daraus ziehen, wenn ihr ihm nicht die nötige innere Einstellung entgegenbringt.

Kurzum, da das Gebet mit Worten nichts bringt, wenn man es nicht mit dem des Geistes verbindet, würde es euch wenig dienen, mit den Augen wach zu bleiben, wenn ihr geistig nicht wach seid. Eure Sinne wären unnötig wach, wenn eure Seelen in Müdigkeit und Schläfrigkeit erschlaffen. Die Gebete jedenfalls, die wir zu nächtlicher Stunde an Gott richten, können nur in dem Maße zu unserer Heiligung beitragen, wie sie von glühendem Eifer, aufrichtigem Glauben und einer Frömmigkeit begleitet sind, die sie würdig machen, erhört zu werden.

VI. Armut

64. Armut und Vollkommenheit

Kap. V, Frage 6, S. 116

… Die Armut der Ordensleute ist kein einfacher Verzicht auf weltliche Güter und Reichtümer, sondern sie löst unser Herz – genauso wie die Ehelosigkeit – von allem, vergänglichen Sichtbarem und Unsichtbarem. Sie nimmt uns alles und überlässt uns allein Gott und den Dingen, die uns zur Anteilhabe an Seinem Königreich führen können.

Vielleicht werdet ihr mir sagen, meine Brüder, dass ich euch vorschlage, vollkommen zu sein. Das gebe ich zu. Aber was soll ich denn anderes denen vorschlagen, die Gott dazu bestimmt hat, vollkommen zu sein, als die Vollkommenheit selbst? Wem soll ich Heiligkeit in Aussicht stellen wenn nicht den Heiligen, will sagen den Mönchen, da Gott sie ja in Seiner Kirche nur dazu berufen hat, Heilige zu sein, um mit ihnen das Leben der Jünger fortzusetzen und damit sie dort den Platz der ehemaligen Märtyrer einnehmen?

Können wir letztlich der Ansicht sein, dass diejenigen, deren Leben ein getreuer Nachvollzug des Lebens Jesu Christi ist, nicht verpflichtet sind, nicht nur nach seinen Vorschriften, sondern auch nach seinen Lehren und Räten zu leben?

Wenn auch hingegen diese Vollkommenheit eingebettet ist in das Armutsgelübde und für sie wesentlich ist, kennt sie Anfänge, Fortschritte und Vollendung. Alle Ordensleute sind verpflichtet, auf Verzicht aus zu sein, aber diesen nicht in letzter Vollkommenheit zu verwirklichen. Natürlich ist es für sie eine unerlässliche Aufgabe, mit ständiger Gewissenhaftigkeit und ständigem Bemühen dorthin zu gelangen. Aber Gott, der will, dass diese Einstellung bei allen vorhanden ist, die sich Ihm durch das Gelübde der Armut weihen und von denen Er keinen ausnimmt, zwingt sie nicht dazu, es in gleicher Perfektion zu leben.

Er begnügt sich mit ihrem guten Willen, vorausgesetzt dieser ist ehrlich und wirksam, und dass sie in Nichts nachlässig werden und von den Möglichkeiten und Übungen, die die Ordensregeln vorschreiben, korrekten Gebrauch machen, um zur Vollkommenheit zu gelangen.

65. Von der Art, die Armut zu praktizieren

Kap. XXI, Frage 1, S. 421 f.

Ein Mönch ist keineswegs wirklich arm, wenn er sich trotz Ermanglung der lebensnotwendigsten Dinge nicht auch glücklich schätzt, die Armut nachzuahmen, für die ihm Jesus Christus das Beispiel gegeben hat, und sich nicht in die Lage des Armen der Hl. Schrift versetzt, der sterbend vor Hunger und Schwachheit vor der Tür jenes unbarmherzigen Reichen, auf Grund seiner großen

Geduld, die er im Angesicht des Todes bewahrte, das Verdienst erwarb, gleichsam vom Reich des Friedens in das Reich der Verherrlichung überführt zu werden. Aber weil es gemäß der gegenwärtigen Organisation der Kirche unmöglich ist, dass Ordensleute sich in einem solchen Zustand befinden, möchte ich euch etwas sagen, das besser zu euch passt, nämlich dass sie, wenn sie auch der Verpflichtung folgend arm sind, nicht nur wie der der Vermögensgüter und der weltlichen Reichtümer Beraubte leben, sondern den Verzicht auf sie lieben und ihn mit Freude erdulden sollen.

Der hl. Bernhard sagt, dass nicht die Armut an sich, sondern die Liebe zu ihr erst wirklich arm macht.

Und wir können hinzufügen, dass, genauso wie es einen Habgierigen freut, Mittel und Wege zu finden, um reich zu werden, es die Genugtuung eines wahrhaft Armen ist, keine Gelegenheit auszulassen, um noch ärmer zu werden, als er schon ist. Die Liebe, die er für die Armut hat, überträgt sich auf alle seine Handlungen. Diese Tugend bildet in der Tiefe seines Herzens eine lebendige und reiche Quelle, die ihr Wasser nach allen Seiten hin verströmt. Er ist arm an allen Dingen und in allen Lebenslagen, er ist arm, was seine Kleidung, seine Ernährung und das Mobiliar angeht. Darin setzt er Zeichen in der Liebe, die er den armen Leuten entgegenbringt, in seinem Verzicht, Dinge zu erwerben und Geschäfte zu treiben, die dem Einkommen der Klostergemeinschaft dienen. Schließlich legt er in allen Dingen, denen er begegnet, Zeugnis ab von vollendeter Selbstentäußerung und von aufrichtiger Verachtung für alle Güter, allen Luxus, Attraktionen und Wohltaten dieser Welt.

66. Dürfen Ordensleute Erwerbe tätigen?

Kap. XXI, Frage 7, S. 467 f.

(Klostergemeinschaften) können Anschaffungen machen, wenn dies für eine exakte Befolgung der Regel notwendig ist, d.h. um ihnen die Mittel bereit zu stellen, die es ihnen erlaubt, in ihrem Stand Gott mit größerer Ruhe und Ungestörtheit zu dienen. (…)

Genauso gut müssen Mönche wissen, dass es ihnen nicht erlaubt ist, Dinge zu erwerben, nur um sich zu vergrößern und um mehr Güter, Einkommen und Ländereien zu besitzen.

Wenn sie in frommer Gesinnung Mönche sind und nicht nur durch ihr Ordenskleid und ihr Gelübde, werden sie die Armut lieben und nach Mitteln und Wegen suchen, um noch ärmer zu sein, als sie sind. Also ist dieses Verlangen unvereinbar mit dem Erwerb neuer Güter.

Wenn sie etwas erwerben, muss dies für sie notwendig oder für sie selbst überflüssig sein. Ersteres muss gemäß göttlicher Bestimmung für ihr Überleben und die Bedürfnisse ihres Klosters verwendet werden. Das Andere gehört den Armen Jesu Christi; es ist deren Erbe und sich dessen zu bedienen, um Anschaffungen zu machen, bedeutet auf Kosten anderer sein Einkommen zu vermehren und sich zu bereichern.

Mönche, die auf Erwerb aus sind, wenn dies nicht auf Grund legitimer und bekannter Notwendigkeiten geschieht, sind ein Ärgernis für die Welt. (…)

(S. 475) Mönchen ist es nicht erlaubt, Dinge zu erwerben, nur um größer zu werden, besser leben zu können und reicher zu werden. Sie können keine rechtmäßigen Anschaffungen machen, wenn sie dies nicht für ihre wirklichen Bedürfnisse und die Notwendigkeiten tun, die wir oben beschrieben haben. Und wir werden, meine Brüder, unserer Wahrhaftigkeit keinen Dienst erweisen, wenn wir sagen, dass wir, statt Zeichen des Verzichts und vollkommener Mäßigung zu setzen, uns zu dem Wunsch hinreißen lassen, unseren Besitz zu vervielfältigen und unser Einkommen zu vergrößern. Wir entfernen uns hingegen von der Heiligkeit unseres Standes, von dem Geist der heiligen Gründerväter und der Intention der Kirche, da wir uns dem Befehl Gottes entziehen. Mit einem Wort: wir verengen unsere Wohnungen im Himmel in dem Maße, wie wir sie auf Erden ausdehnen wollen.

67. Sollen Mönche große Almosen geben?

Kap. XXI, Frage 4, S. 437 f.

Es gibt nichts, worin die ehemaligen Mönche größere Hingabe und größeren Eifer gezeigt haben als in ihrem Bemühen, den Armen zu helfen. Sie haben nichts unversucht gelassen, um ihre Not zu lindern. (...) Da ihr Glaube lebendig war, war es auch ihre Liebe zum Nächsten. Alle Belehrungen und Aufträge Jesu Christi spornten ihre Frömmigkeit an und ihr Trost war, Gelegenheiten und Wege zu finden, um in ihren Taten zum Ausdruck zu bringen, was ihre Liebe zu diesem göttlichen Lehrmeister im Grund ihres Herzens eingeprägt hatte.

Jene vollkommenen Schüler wussten, dass geschrieben steht, ein Almosen würde die Sünde tilgen, so wie Wasser Feuer auslöscht. Seine milde Gabe in den Schoß eines Armen zu versenken, bedeute so viel, wie seinen Samen auf fruchtbare und segensreiche Erde zu streuen, und der ganze Ehrgeiz eines wahren Christen bestehe darin, unvergängliche Schätze und Reichtümer anzuhäufen.

Aber was sie noch mehr bewegte, war, dass sie in der Person dieser Armen Jesus Christus selbst vor Augen hatten. Unter ihren alten Lumpen und der zerrissenen Bekleidung erkannten sie Ihn wieder. Ihn sahen sie hungrig und durstig und geplagt von Leid und Niedergeschlagenheit.

Und all diese Visionen, die ihnen ihr tiefer Glaube vergegenwärtigte, ließen sie ihre Sorge, ihren Zeitaufwand, ihre Arbeit und Mühen für nichts erachten, vorausgesetzt sie konnten diejenigen unterstützen, die für sie die Stelle Jesu Christi einnahmen. Ihr Glück wäre vollkommen gewesen, wenn sie ihr Leben für den hätten hingeben können, der für sie den letzten Blutstropfen vergossen hatte. Es braucht überhaupt keine Vorschrift für das Almosengeben, es genügt allein der Glaube: denn von dem Moment an, wo wir glauben, dass Jesus Christus selbst der Notleidende ist, dass Er es ist, der die Hand aufhält, besteht unser Christsein darin, die unsere nicht zu schließen!

68. Kann man von Postulanten Geld verlangen?

Kap. XXI, Frage 8, S. 476 f.

Die heiligen Gründerväter haben es sehr wohl zugelassen, dass diejenigen, die sich in Klöstern ganz Gott hingeben wollten, diesen von ihrem Eigentum etwas abgeben und mit der Weihe an Ihn Ihm auch einen gewissen Teil ihres Reichtums überlassen. Aber sie haben dies nicht eingefordert. Sie haben sich davor gehütet, ein so heiliges Engagement und eine solch göttliche Berufung an diesseitige Interessen und Überlegungen zu koppeln. Da sie wussten, dass Gott Große und Kleine zu seinem Dienst beruft, Arme und Reiche, ließen sie unterschiedslos die einen wie die anderen zu und verlangten von ihnen nur ein reines Herz, ehrliche Absichten und den aufrichtigen Wunsch, allen irdischen Dingen völlig zu entsagen, um allein für die Sache Jesu zu leben.

Verbunden mit diesem völligen Verzicht auf persönliche Interessen haben wir so viele klösterliche Gemeinschaften entstehen und sich entwickeln sehen. Da die Berufungen makellos waren, frei vom Druck irgendwelcher Mitmenschen und Gott allein sich in den Beweggründen und der Realisierung äußerte, gab es auch nichts, was das Walten Seiner Gnade behinderte.

Sein Heiliger Geist ergoss sich in Fülle; man kann sagen, dass die Klöster damals geradezu Tempel waren und die Seelen, die sich dort ganz Jesus Christus weihten, durch ihre herausragende Tugendhaftigkeit und die Makellosigkeit ihres Lebenswandels die Zierde und die eigentliche Schönheit des Hauses ausmachten.

(…) Die Tugendhaftigkeit des klösterlichen Lebens schwächte sich in der Folge der Zeit ab und unter so vielen unterschiedlichen Regelverstößen, die es entstellten, verursachte nichts größere Übel als die Liebe nach Besitz und das Verlangen, ihn zu erwerben und zu vergrößern. Man nahm und forderte sogar Geld von denen, die ins Kloster eintreten wollten, besonders in den Frauenklöstern.

Frage 9, S. 479 f.

Ihr müsst wissen, meine Brüder, dass die heiligen Gründerväter immer auf ganz makellosen und reinen Wegen gewandelt sind. In ihrer ganzen Lebensführung bemerken wir eine vollkommene Selbstentsagung. In Wahrheit wollten sie den Gläubigen nicht den Trost und den Vorteil nehmen, Jesus Christus von ihren Besitzungen und Gütern etwas abzugeben; aber sie waren der Ansicht, dass deren Angebote freiwillig sein sollten. Sie akzeptierten die Zeichen ihrer Frömmigkeit, haben sie ihnen aber nie abverlangt.

Frage 10, S. 505

Die heiligen Gründerväter haben nichts gefordert oder verlangt, sondern nur angenommen, was ihnen die Wohltätigkeit jener anbot, die sie um die Gnade ersucht haben, in den Orden eintreten zu dürfen.

69. Von Geld und der Annahme der Berufung

XXi Frage 18 S. 521

Wie ist es möglich, dass Leute, die in dieser Welt kein anderes Verlangen haben dürfen, als Jesus Christus zu gefallen, sich in dieser Angelegenheit falsch entscheiden, d.h. bereit zu erklären, eine Tat auszuführen, die Jesus Christus immer mit Abscheu betrachtet hat und die die Kirche so oft schon verurteilt hat? Bedeutet dies, Ihn wirklich zu lieben? Zeigt man dies dadurch, dass man sich freiwillig in die Gefahr begibt, Ihn zu beleidigen? Macht man sich nicht selbst unwürdig Seiner Freundschaft, wenn man sich willentlich der Gefahr aussetzt, sie für immer zu verlieren? (…)

Ist es nicht wahr, meine Brüder, dass, wenn diese Seelen, die die Ehre haben, mit Jesus Christus gleichsam als Gattin vereint zu sein, nur ihren Ruhm und ihre Heiligung vor Augen hätten, allein dieser Gedanke sie mit Furcht und Schrecken erfüllen würde und sie lieber tausend Tode erdulden würden, als sich durch das Einschlagen zweifelhafter Wege der Gefahr auszusetzen, Untaten zu begehen und für immer vom Glück Seiner Gegenwart getrennt zu sein? … Die Kirche hat alles in ihrer Macht Stehende getan, um die Liebe zum Geld aus den Häusern zu verbannen, die Jesus Christus geweht sind. Aber diese Leidenschaft ist neu entflammt und dieses Feuer hat sich trotz ihrer Bemühungen wieder entfacht, so groß und so verbreitet, dass Seine ganze Autorität es nicht löschen konnte.

70. Die Selbstaufgabe des Jesus Christus Geweihten

Kap. XXI, Frage 5, S. 453 f.

(Ich habe euch schon sehr oft darauf hingewiesen, meine Brüder), dass ein wahrhafter Mönch, indem er sich ganz Jesus Christus weiht, sich ausnahmslos aller irdischen Güter entledigt. Er begibt sich in den Zustand vollkommener Blöße; der Himmel wird so einzig sein Los, dass er sich von allem Irdischen trennt. Aber mit dem Unterschied, dass er für immer und durch einen unumkehrbaren Verzicht alle Dinge von sich weist, die seinem Gelübde nicht entsprechen und zuwiderlaufen und ihn somit daran hindern sich zu der Reinheit zu erheben, für die Gott ihn bestimmt hat. Was die anderen Dinge angeht, so erhofft er sich diese von der Liebe und der Fürsorge seines Oberen wie von Gott selbst. Er sollte über kein einziges verfügen wollen – ich spreche von den

Dingen, die man nicht entbehren kann – ausser im Rahmen der Verfügung oder im Auftrag des Oberen.

Sicher sind unter den Dingen, auf die er für immer verzichtet hat, diejenigen, deren Gebrauch und Genuss für ihn schädlicher sind, mehr als andere Gegenstand seines Verzichts und Grundlage des Armuts-Gelübdes, das er ablegte. Und da Geld eine besondere Bösartigkeit in sich birgt, selbst überaus reine Seelen in Versuchung führt und immer schon als Ursache und Instrument aller Übel angesehen wurde, weil man sie alle tut, um es zu erwerben, und nach seinem Erwerb keines ohne seine Hilfe begeht, so darf man auch keinesfalls daran zweifeln, dass sich der Verzicht, den ein Mönch leistet, der sich freiwillig in Armut begibt, hauptsächlich auf Geld bezieht und seine Absicht darin bestehen muss, es wie eine gefährliche Verlockung zurückzuweisen und sich den Umgang mit ihm und seinen Besitz zu verbieten.

VII. Über die Krankheiten und den Tod

71. Welche Grundeinstellung soll ein Ordensbruder in der Krankheit besitzen?

Kap. XXII, Frage 1, S. 524 - 525

Aus vollem Herzen soll er sich dem, was Gott mit ihm geplant hat, fügen. Da Er ihn hat krank werden lassen, damit der Schmerz, den ihn seine Krankheit erleiden lässt, den, den Jesus am Kreuz ertragen hat, nachempfinden, ihm ähnlicher und so reiner, vollkommener und gottgefälliger werden lassen soll, muss er die Krankheiten, die ihn ereilen, nicht nur mit Ergebenheit sondern als Gnadengeschenk entgegennehmen. Er muss die Schmerzen, die ihn quälen, als Heilmittel betrachten, die Gott für die Heilung seiner Seele anwendet. Mit dem Propheten soll er aus dankbarem Herzen heraus sagen: *„Ich will den Kelch des Herrn erheben und anrufen den Namen des Herrn.“* Auf diese Art und Weise wird er die Leidenschaften, Unrast und Kümmernisse abwehren können, die dazu führen, dass man seinen Leidenschaften noch mehr erliegt und erbärmlicher dasteht als zuvor, statt die Früchte und den Nutzen zu ernten, die man aus Krankheiten ziehen kann.

72. Der kranke Mönch und die Nachfolge Christi

Kap. XXII, Frage 3, S. 549 f.

Die Ehre aller Christen ist die Jesu Christi. Und da Er in dieser Welt davon nur die erfahren hat, die darin bestand, zum Lobe seines Namens sich als Opfergabe für Gott Seinen Vater darzubringen, gibt es auch für uns keine andere als uns wie Er zum gleichen Ziel und in der gleichen Gesinnung aufzuopfern.

Er hat die Glückseligkeit, die Er denen bereitet, die in der Liebe zu Ihm und in Seinem Dienst leben und sterben werden, von der beständigen Bußfertigkeit abhängig gemacht; Er wollte, dass man Seine Leiden und Mühsale teilt, bevor man an Seinem Frieden und Seiner Glückseligkeit Anteil erhält. Während Seines Erdenlebens sollen die Ordensbrüder mit diesem selig machenden Gleichwerden beginnen, welches sie mit Ihm für die ganze Ewigkeit teilen sollen. So sind unsere Krankheiten und Schmerzen im Ganzen Heilmittel gegen unsere Sünden, Auswirkungen des göttlichen Urteils, Zeichen unserer Versöhnung mit Ihm und sichere Wege zur Erlangung der himmlischen Krone.

Bildet euch aus all dem ein Urteil darüber, welche die Einstellung eines echten Mönches sein soll, den Gott mit Krankheiten und Schmerzen heimsucht. Ihm gegenüber verhält er sich ganz geduldig; er will krank sein, weil Er es so will; aus Seiner Hand empfängt er erfüllt von Glück diese Fügung der Güte und Gerechtigkeit. Er würde vielleicht fürchten, sich seiner Ordenspflicht zu entziehen, wenn er von sich aus Schritte zu seiner Genesung unternähme. Was ihm von Seiten seines Oberen zuteil wird, empfängt er wie von Gott selbst. Deshalb sind Linderungen, die er erfährt, nur als Akte seines Gehorsams anzusehen, nie aber als solche persönlicher Bestrebungen.

73. Wenn ein Ordensbruder krank ist (1)

Kap. XXII, Frage 2, S. 525 f.

Die ersten Mönche lebten in so großer Unabhängigkeit von den Mitmenschen und in einer so großen Ergebenheit in die Hände Gottes, dass die Mehrzahl von ihnen im Krankheitsfall ihre Genesung ausschließlich von Seiner Vorsehung erwarteten. Die Lebendigkeit ihres Glaubens, ihre Verachtung der irdischen Dinge und ihr Verlangen, mit Jesus Christus vereinigt zu sein, ließen sie jede Unterstützung seitens ihrer Mitmenschen zurückweisen und Gott allein die Entscheidung über ihr Leben und ihren Tod überlassen. …

(S. 530) Diese Strenge war unter den Mönchen nicht allgemein üblich. Die Mönche haben damals nicht alle diese rigorose Einstellung praktiziert. Und wir können mit Bestimmtheit sagen, dass, ausgehend von dem Beispiel und den Anweisungen, die uns die heiligen Urväter gegeben haben, Mönche durchaus im Krankheitsfall von Arzneien Gebrauch machen können. Wohl aber mit folgenden Einschränkungen: sie dürfen ihr Vertrauen nicht nur auf diese setzen, sondern einzig und allein Gott als den betrachten, der ihnen die Gesundheit wiedergeben kann. Die Heilmittel sollen allgemein üblicher und gewöhnlicher Natur sein, so dass man sie ohne großes Suchen und ohne große Kosten erlangen kann. Die ganze Behandlung soll so der Leitung des Abtes unterliegen, dass Mönche ihm weder aus eigenem Verlangen noch aus der eigenen Unruhe heraus zuvorkommen. Auch hierin sollen sie nichts anderes tun als gehorchen und sich unterwerfen.

(S. 543 f.) Ihr seht, meine Brüder, unter welchen Bedingungen die heiligen Urväter bei den Mönchen die Benutzung von Arzneien gestattet haben. Ihr seht, dass sie davon Abstand genommen haben, ihnen Erleichterungen im Krankheitsfall zu erlauben, die der Einfachheit ihres Standes nicht angemessen sind, und dass ihre Nachsicht darin bestand zu dulden, nur solche Medikamente zu benutzen, die billig und allgemein üblich sind und zu Personen passen, die in exakter Armut leben müssen.

Ihr seht, dass sie bei den Mönchen die Sorge um sich selbst verurteilt haben, auch deren Eifer, der sie in Sachen Ernährung und Körperpflege ganz in Beschlag nimmt. Sie wollten, dass Mönche zu keiner Zeit an ihrem Leben kleben und gesund oder krank den gleichen Geist der strengen Lebensführung und der Buße bewahren.

74. Wenn ein Ordensbruder krank ist (2)

Kap. XXII, Frage 3, S. 545 f.)

Ordensbrüder können sehr wohl Arzneimittel nehmen, die der Abt ihnen anbietet, dürfen aber nicht nach ihnen verlangen. Sie sollen sie akzeptieren, aber nicht einfordern. Da sie in ihrem Gelübde auf ihre persönlichen Rechte verzichtet haben, und da ihr eigener Leib nicht mehr in ihrer Macht steht, ist es nicht mehr an ihnen darüber zu verfügen. Sie müssen in Allem bereit sein, dem Willen dessen zu folgen, dem Gottes Befehl sie unterstellt hat, und dies ganz besonders im Krankheitsfall, denn dann sind die Versuchungen mehr zu fürchten und sie haben Leitung und Führung nötig. Die Natur ist aus den Fugen geraten, die Selbstliebe stärker aktiviert, die Seele geschwächt unter dem Eindruck des Grolls, und, wenn ein Ordensbruder nicht über eine solide Frömmigkeit und standhafte Tugend verfügt, dann ist er nur mit sich selbst beschäftigt und sieht sich nur noch als Kranker, übersieht dabei jedoch, dass er ein Büßer ist. Er zieht nur das in Betracht, was Krankheit und Schmerz ihm abverlangen, und nicht das, was ihm die Heiligkeit seiner Berufung verbietet. Wenn er freie Verfügungsgewalt über sich hat, wird er nie der Medikamente und Heilmittel satt werden, er wird sich über die Regeln seines Standes hinwegsetzen und ohne Bedenken seine Seele der körperlichen Genesung opfern. …

74. Wenn ein Ordensbruder krank ist (2)

Wenn ein Mönch über sich selbst denkt, was er zu denken verpflichtet ist …, d.h. wenn er wahrhaft ein Mönch ist – er bildet sich nur ein, ein solcher zu sein, wenn er sich nicht von Standes wegen und in Wirklichkeit als Sünder betrachtet – wird er, weit davon entfernt, nach Heilmitteln zu verlangen und an seine Heilung zu denken, wenn Gott ihm Krankheiten schickt, diese als verdiente Strafe entgegennehmen, als Sühne für begangene Sünden. Wie ein Lazarus wird er vor den Menschen in Schweigen verharren.

Aber gleichzeitig wird er nicht darauf verzichten, sich wie ein zweiter Hiob an Gott zu wenden und zu ihm aus vollem Herzen rufen: *„Und wollte Gott mich doch zermalmen, seine Hand erheben, um mich abzuschneiden. Das wäre noch ein Trost für mich; ich hüpfte auf im Leid, mit dem er mich nicht schont. Denn ich habe die Worte des Heiligen nicht verleugnet.“* … Deshalb wird er seiner Genesung keineswegs vorbeugen, weder weil er es wünscht noch weil er um sich besorgt ist. Er wird keinen anderen Gedanken hegen als den, in der Abhängigkeit von Gott zu verbleiben, dem Walten Seiner Vorsehung zu folgen und einzig und allein aus Seiner Hand eine Veränderung seines Zustandes zu erwarten.

Gottes Sohn, der auf die Erde hinab gestiegen ist, um uns die Tore des Himmels zu öffnen, hat keinen anderen Weg gefunden der geeigneter war, seinen ewigen Ratschluss zu verwirklichen, als den, Kreuz und Leiden auf sich zu nehmen. Aus freiem Willen hat er diesen Weg eingeschlagen, um uns ein Modell vor Augen zu stellen, dem wir folgen können, des weiteren um uns durch sein Beispiel anzutreiben und von seinem Vater die Gnade zu erwirken, dass Er dank seiner Leiden unsere als ein segensreiches Opfer zur Sühne unsere Sünden huldvoll annimmt.

Ihr, meine Brüder, ihr lebt von dem Glauben, den Gott durch Sein Wort (= Logos, Seinen Sohn) am Leben erhält; ihr, die Er in den heiligen Wahrheiten, die Er von Seinem Vater erhielt, unterwiesen hat, die ihr durch ein mit eurem Stand verbundenes besonderes Privileg seinem Kreuz geweiht seid, die ihr mit dem heiligen Apostel sagen könnt*: Ich trage die Zeichen Jesu an meinem Leib*, könntet ihr jene Widerfahrnisse nicht als kostbare Gelegenheiten, als Wirkungen Seiner Obhut und Seiner väterlichen Zuwendung erkennen, die Er Seinen Auserwählten zuteil werden lässt? Könntet ihr, sage ich weiter, sie nicht erleiden nicht nur mit Ergebenheit und ohne Murren, sondern sogar mit einem Gefühl lebhafter Freude und aufrichtiger Dankbarkeit?

75. Der Obere und die Kranken

Kap. XXII, Frage 4, S. 553 f.

Die Nächstenliebe fordert, dass der Abt für die Heilung kranker Ordensbrüder standesgemäße Mittel und Medikamente anwendet. Sie verlangt, dass er alles nicht nur nach ihren Bedürfnissen bemisst, sondern nach ihrem Seelenheil und im Blick auf die Erbauung der Mitbrüder. Er muss sich bewusst sein, dass er Menschen gebietet, die den Genüssen der Welt entsagt haben, um in rechter Bußhaltung und unter strenger Disziplin zu leben. Er muss darauf achten, dass er ihnen keine Erleichterung zukommen lässt, die die Makellosigkeit und die Vollkommenheit ihres Standes beeinträchtigt. Alle Ordensregeln verlangen beim Oberen eine ganz besondere Wachsamkeit, Zuwendung und Liebe den Kranken gegenüber; es gibt aber keine, die ihn verpflichten seinen Führungsstil so abzumildern, dass er in einem damit aufhört nützlich zu sein und zum Heil und zur Besserung der Seelen beizutragen. Und so wie er schlecht daran täte, wenn er keine Toleranz übte in den Dingen, die die Ordensregeln ihm im Krankheitsfall seiner Mitbrüder gestatten, soll er gleichermaßen sich unbeugsam zeigen in den Dingen, die die Regeln ihm gebieten den Kranken zu verweigern.

Kurz gesagt, er muss mit viel Klugheit und Umsicht vorgehen, da er fürchten muss, dass eine zu große Strenge die Geister schockiert oder ein zu nachsichtiges Entgegenkommen den Kranken gegenüber diese zur Laxheit verführt.

76. Muss man strenge Übungen auf sich nehmen, die das Leben vielleicht verkürzen?

Kap. XXII, Frage 6, S. 572 f.

Wenn dieser Gedanke begründet wäre, müsste man eine zahllose Menge großer Heiliger verdammen, die fast zu allen Zeiten wie Sterne am Himmel der Kirche aufgegangen sind. … Denn obwohl sie nicht wirklich beabsichtigten, sich den Tod zuzuziehen durch die strengen Übungen, die sie praktizierten, verzichteten sie gerade nicht auf sie, auch wenn der Tod sich dadurch früher einstellen konnte. Man kann nicht daran zweifeln, dass sie in dieser Sache die körperliche Unversehrtheit und die Heiligkeit ihrer Seele der Lebensdauer vorgezogen haben. Jene unvergleichlichen Männer, die von Jesus Christus gehört hatten, dass man sein Leben hassen muss, um es zu retten, waren davon überzeugt, dass sie von dem Leben, welches sie von Gott empfangen hatten, keinen besseren Gebrauch machen konnten, als es zu Seinem Ruhm durch das Martyrium der Buße zu verlieren, um sich für immer von der Unausweichlichkeit des Todes zu befreien.

Wenn diejenigen, die glauben, man könne nicht guten Gewissens gesundheitsschädliche und das Leben verkürzende asketische Übungen auf sich nehmen, ihr Augenmerk auf so viele unterschiedliche Lebensbedingungen werfen würden, die derselben nachteiligen Begleiterscheinung ausgesetzt sind, würden sie ihre Meinung und Position ändern (z.B. Bergleute, Schmiede, Schriftsteller, ein eifriger Missionar, ein Rechtsanwalt, diejenigen, die sich dem Dienst an der Waffe verschrieben haben. (…)

Obwohl diese Darstellung wahrheitsgetreu ist und all diese Übel und Nachteile untrennbar an die jeweilige Lebenssituation gekoppelt sind, lobt man sie, hebt sie in den Himmel und leitet aus ihr seinen Ruhm und seine Ehre ab. Nie hat man nämlich gesagt oder auch nur gedacht, dass es nicht erlaubt sei, Waffen zu tragen und in den Krieg zu ziehen.

Da dem so ist, meine Brüder, können wir dann nicht mit Nachdruck vertreten, dass, wenn man ohne Gewissensbisse weltliche Beschäftigungen übernehmen kann, deren Aufgabe, Funktion und Ausübung unweigerlich zum Tod führen, es für Christen, die mehr als andere verpflichtet sind, das Kreuz Jesu Christi zu tragen, eine noch stärkere Begründung gibt, freiwillige Askese zu betreiben, da sie Seine Leiden nachvollziehen wollen, um Sein Martyrium zu feiern und ihre Fleischeslust zu zähmen, ihren Leib zu beherrschen und ihre Sinne und Leidenschaften zurückzudrängen, damit sie sich mittels dieser heiligenden Praktiken Dem würdig erweisen, in Dessen Dienst sie sich voll und ganz gestellt haben. Wäre es nicht extrem ungerecht, etwas für unklug, unüberlegt und fahrlässig zu halten, was in Wirklichkeit Folge gläubiger, frommer und gottesfürchtiger Einsicht ist? …

(S. 579) Um dies sicher zu belegen, genügt es, sich die Regel des hl. Benedikt genauer anzusehen, eine Regel, von der man immer gesagt hat, sie sei von Klugheit und Weisheit erfüllt. …

(S. 580) Man muss feststellen, dass in dem ganzen Regelwerk der Tagesablauf so sehr von regelmäßigen Übungen und Beschäftigungen geprägt ist, dass man in ihm keinen Augenblick für Erholung und geistige Entspannung findet.

Es gibt niemanden, der nicht darin übereinstimmt, dass ein solch mühevolles und arbeitsreiches Leben kaum von langer Dauer sein kann und dass die menschliche Natur unter dem Druck unablässiger geistiger und körperlicher Bußübungen zwangsläufig nicht doch in kurzer Zeit unterliegt.

Man hält große Anstrengungen aus und man erholt sich von großen Mühen des Körpers und des Geistes, wenn sie ein Ende finden und man sich dann der notwendigen Ruhe und Erholung hingeben kann. Aber unser Stand kennt solches nicht; unser Einsatz duldet kein Nachlassen der Anstrengung und ein Mann, der die Verpflichtungen, die ihm diese Regel auferlegt, genau erfüllen will, muss in fortwährender Anspannung leben; er darf seine Wachsamkeit nicht unterbrechen; er soll vom Gebet zur Schriftlesung, von der Schriftlesung zur Arbeit übergehen, von der Arbeit zum Singen der Psalmen; ständig soll er sich selbst beobachten und nie aus sich heraustreten.

76. Muss man strenge Übungen auf sich nehmen, die das Leben vielleicht verkürzen?

Wenn er schließlich das Fasten und das Wachen damit verbindet, ist sein Leben eine wahre Kreuzigung, die ihm den Tod vor Augen stellt, die ihn ihm näher bringt und ihn ersehnen lässt, aber keineswegs wegen irgend eines Kummers, die ihm die Mühen bescheren, weil die Liebe zu Jesus Christus ihn diese mit Freude erleiden lässt, … und er erhält Erfrischung und Trost einzig und allein von Gott, dem es stets gefällt durch die Salbungen Seiner Gnade das Kreuz Seiner Diener zu lindern.

(Frage 6, S. 601)

Glaubt also, meine Brüder, dass die Meinung derjenigen, die glauben, es sei nicht erlaubt, strenge asketische Übungen auf sich zu nehmen, wenn diese das Leben abkürzen können, keineswegs die Meinung der heiligen Urväter ist; es konnte durchaus ihrem Willen entsprechen, dass man bei den Bußübungen eine weniger strenge Form praktizieren kann; aber sie haben dabei wenig Spielraum gelassen, denn ihr Leben war ihnen viel weniger kostbar als ihr Seelenheil und sie sind den Weg des Kreuzes aus vollem Herzen und mit großer Bereitschaft gegangen.

Wenn euer Leben auch von den meisten Menschen nicht gebilligt und geschätzt wird, so soll es für euch als Trost ausreichen, dass es alle charakteristischen Merkmale trägt, die euch glauben lassen können, dass es dem Geiste Gottes entspricht. Es ist nicht neuartig und einzigartig, und man hat keinen legitimen Grund, eure Lebensführung zu verurteilen, weil ihr nichts anderes tut als den Grundsätzen derjenigen zu folgen, die Jesus Christus euch als Lehrmeister und Äbte gegeben hat.

77. Über die innere Einstellung, die man in Krankheiten haben muss

Kap. XXII, Frage 4, S. 556 f.

Glaubt, dass es nichts Würdevolleres für einen Mönch gibt, dessen Glaube ganz von der Nachfolge bestimmt sein muss, als sich in Krankheiten ganz Gott auszuliefern und sich der Hand der Mitmenschen zu entziehen, um sich ganz in die Seine zu legen, damit Er allein über dessen Leben und Tod entscheidet. Geht davon aus, meine Brüder, dass Krankheiten, die euch treffen, wie Instrumente des Martyriums sind, welches ihr schuldig seid und dass es wahrhaftige Kreuze sind, an welche Gottes Gerechtigkeit und Barmherzigkeit euch schlagen lässt. An ihnen müsst ihr so lange hängen, wie es Ihm gefällt, und ihr müsst auf Seinen Befehl warten, um von ihnen herabzusteigen. …

Was euch angeht, die ihr euch in Klöster zurückgezogen habt, nicht um dort zu leben, sondern um dort zu sterben, ihr, die ihr euch Jesus Christus als Opfer dargeboten habt und deren ganzer Ehrgeiz darin besteht, Ihn in seinen Mühen und Leiden nachzuahmen, seid immer bereit auf irdische Heilmittel und menschliche

Unterstützung zu verzichten, die so leicht das Vertrauen, welches man in Gottes Vorsehung haben muss, beeinträchtigen können, aber auch die Selbstverleugnung und das Armutsideal unserer Einrichtung, genauso wie den Respekt, den wir den Vorschriften des Evangeliums schulden, welches uns gebietet das Leben zu hassen und unser eigenes Fleisch zu verachten. Und wenn die Autorität eurer Oberen und die Furcht, euch zu sehr von den übrigen Menschen zu unterscheiden, euch nach außen hin verpflichtet, euch ein bisschen von jener Lebensführung zu entfernen und deren Wünschen nachzukommen, dann bewahrt wenigstens die Reinheit eures Herzens. Lasst nicht zu, dass in euch ein Verlangen aufkommt, welches diese Reinheit beflecken kann. Bewahrt euer Herz vor jedem Schwachwerden und euren Willen, Leid zu ertragen, selbst dann wenn man euren Leiden und Schmerzen etwas Linderung verschaffen will. Auf diese Weise wird die äußerlich erfolgte Linderung, die aber in keiner Weise eurem eigenen Willen verdankt sein soll, euren ersten Entschluss keineswegs beeinträchtigen. Euer gläubiges Vertrauen wird vor Gott Anerkennung finden und mit Sicherheit bei Ihm belohnt werden.

78. Vom Nachdenken über den Tod

Kap. XIII, Frage 1, S. 531 f. (?)

Was die Menschen draußen dazu veranlasst, sich nicht entschließen zu können, über den Tod nachzudenken, ist die Tatsache, dass sie für immer leben wollen. Sie sind durch so viele unterschiedliche Verbindungen und Betätigungen auf die Erde fixiert, dass von all ihren Gedanken derjenige, der sich bei ihnen am wenigsten oft einstellt und mit dem sie sich am wenigsten abfinden können, der an ihren Tod ist.

Wenn sie in Ruhe die Wohltaten des Schicksals genießen können, hält der Gedanke an den Tod, wie es in der Schrift heißt nur Bitternis und Schrecken für sie bereit. Wenn ihre Geschäfte schlecht gehen, wollen sie leben, um sie zu verbessern. Wenn sie kerngesund sind, bilden sie sich ein, niemals sterben zu müssen.

Ist dagegen ihr Gesundheitszustand schlecht und sie schmachten dahin, reden sie sich eine baldige Besserung und Genesung ein. Wessen Glaube ganz erloschen ist und folglich nur in der Gegenwart lebt, der erkennt schließlich im Tod nur schmerzlichen Verlust und grausame Trennung. Diejenigen, die sich nur noch einen Funken dieses Glaubens bewahrt haben und die deshalb keinen Trost aus den Versprechungen schöpfen, die Jesus Christus den Christen gemacht hat, die einen lebendigeren und tieferen Glauben haben, und die in Allem, was sie tun, nur das erkennen, was ihnen gerechtfertigte Angst vor dem Tod und seinen Folgen macht, versuchen alles, was in ihrer Macht steht, um den Gedanken, die Idee und das Andenken an den Tod im Keim zu ersticken.

Was aber wahre Einsiedler angeht, die praktisch für die Welt nicht mehr existieren, an den zeitlichen Dingen keinen Anteil nehmen und einzig und allein aus dem Glauben heraus und in der Erwartung des kommenden Heils leben, so sehen sie in ihrem Lebensende nichts, was ihnen den geringsten Kummer bescheren kann, sondern erfahren beim Gedanken an den Tod Freude und Trost. Nichts passt besser zu diesen allen sinnlichen Dingen entrückten Männern als das, was ein Kirchenvater der ersten Jahrhunderte gesagt hat, als er von den Christen sprach: Es handelt sich um bestimmte Menschen, die immer bereit und vorbereitet sind zu sterben, die diesen Gedanken in ihrem Geist und dieses Verlangen in der Tiefe ihres Herzens eingeprägt haben und die den Tod als Ende ihrer Knechtschaft und den Beginn ihrer Freiheit betrachten. Es handelt sich um ein Volk, welches sich durch die Verachtung dem Leben gegenüber auszeichnet und niemals glücklicher ist als in dem Moment, wenn es dabei ist, es zu verlieren. Was Anderen Kummer bereitet, tröstet sie, und diese hervorragenden Menschen, die wissen, dass die Taufe sie schon von dieser Welt getrennt hat, sind überglücklich darüber, dass der Tod sie vollends und für immer von ihr trennt.

79. Der Blick auf den Tod

Kap. XXII, Frage 3, S. 551 f.

Sicherlich gibt es nichts Unerträglicheres als zu sehen, wie ein Ordensbruder, der eigentlich nicht mehr zu den Lebenden gezählt werden darf, sich ängstlich bemüht zu verhindern, dass er stirbt. Er ist nicht mehr von dieser Welt und trotzdem leidet er genauso darunter, sie zu verlassen, als ob er im Abgrund ihrer Geschäftigkeit und Vergnügungssucht versunken sei. Er lebt nur, um sich auf den Tod vorzubereiten und ist angstvoll beunruhigt, wenn der sich zeigt, und tut alles, was er kann, um dessen Zeitpunkt hinauszuzögern. Er soll nichts von den irdischen Dingen lieben und Gott soll das einzige Objekt seiner Liebe sein; trotzdem kann er sich nicht entschließen zu Ihm zu gehen, wenn Er ihn ruft; dabei gibt es überhaupt keine Mittel, derer er sich bedient, um einen Aufschub zu erwirken, er flieht vor Seinem Angesicht wie ein Übeltäter vor seinem Richter. Vor Ihm erscheint er widerstrebend, weil er dorthin gezwungen wird und es nicht in seiner Macht stand, den Tod zu vermeiden. *Welche Liebe bringen wir Jesus Christus entgegen?* sagt der hl. Augustinus. *Wir schämen uns, meine Brüder, gar nicht der Furcht vor Seinem Kommen; wir lieben Ihn mit unseren Worten, haben aber Furcht, Ihm zu begegnen.*

Nach Ansicht der heiligen Urväter müssen alle Christen, diejenigen, die den weltlichen Dingen nachgehen und diejenigen, die es nicht tun, mit Freude dem Tod entgegengehen und Krankheiten als notwendige Wege und Befindlichkeiten ansehen, die dem Kommen ihres Schöpfers vorausgehen. Wenn es dennoch vorkommt, dass die, die in der Welt draußen leben, in diesem Zusammenhang Schwäche zeigen, sind sie sicherlich eher zu entschuldigen, denn sie können sagen: *„ich habe einen Acker gekauft … ich habe fünf Ochsengespanne gekauft … ich habe geheiratet…; deshalb kann ich nicht kommen.“*

Das sind Vorwände, die eine gewisse Berechtigung haben und nachvollziehbar sind. Aber für die Mönche, die Jesus Christus von dieser Knechtschaft, deren Ketten er zerbrochen hat, befreit hat und sie in die Freiheit der Kinder Gottes geführt hat, gibt es weder gute noch schlechte Gründe, die sie ins Feld führen können. Die Begierde nach dem Leben, jenes Verlangen nach Heilmitteln, jenes rastlose Streben nach dem, was ihre Tage verlängern kann, sind Auswirkungen der Trübung ihres Gewissens und der Verdorbenheit ihres Herzens. Es sind Anzeichen dafür, dass ihr Glaube und ihre Liebe erstorben sind und ihnen deshalb die Krone keinesfalls zusteht, die für diejenigen bestimmt ist, wie der Apostel sagt, die das Kommen der Herrschaft Jesu Christi ersehnen.

80. Tod und ewiges Leben

Kap. XIII, Frage 2, S. 547 f.

Ein dritter Vorteil, den man bei der Meditation über den Tod finden kann, besteht darin, dass sie durch das Fernhalten der irdischen Dinge die himmlischen näher bringt. Indem sie uns für die einen ein Herz aus Stein verleiht, verleiht sie uns für die anderen ein Herz aus Fleisch und Blut, und in dem Maße wie sie in uns die Liebe zur Welt zerstört, lässt sie in ihm die Liebe zu Jesus Christus herrschen.

Der Grund dafür, dass uns die ewigen Dinge gar nicht berühren und dass das Glück welches Gott denen verspricht, die Ihm dienen, mag es auch noch so grenzenlos sein, uns nur so wenig beeindrucken, liegt darin, dass wir sie für so weit entfernt halten und dass die Distanz zu uns sie für unseren Geist so unwichtig erscheinen lässt, dass sie in unserer Meinung nicht zu vergleichen sind mit den Leiden, die man erdulden muss, um sie zu erlangen (….) Die Menschen sind so gewöhnt, sich von ihren Sinnen leiten zu lassen, dass solche Dinge für nichts zählen, die nicht ganz gegenwärtig sind. Und sie scheinen ihnen nur als zweifelhafte Ereignisse und ungewisse Abenteuer.

Der Gedanke an den Tod, meine Brüder, macht diese Entfernung zunichte. Der wahre Mönch, bei dem dieser Gedanke fest im Herzen verankert ist, hat ständig das ewige Leben bei Gott vor Augen. Da er sich von diesem nur für einen kurzen Moment getrennt sieht, wartet er unablässig darauf, dass Jesus Christus ihn zu sich ruft und es Ihm gefallen möge, ihn in die Gemeinschaft der Heiligen aufzunehmen. Sein Erlöser ist das einzige Objekt seiner Gedanken und Sehnsüchte. Ihn betrachtet er als den Grund des Glücks, welches er in Kürze genießen wird; er denkt an die Dankbarkeit, die er Ihm schuldet für alle Gnadengaben, die Er ihm erwiesen hat und die Er immer noch bereit ist, ihm zu erweisen.

… Fügen wir noch hinzu, meine Brüder, dass er an den Abschied aus dieser Welt denkt, der gemäß der Hoffnung, die uns Gott geschenkt hat, der Augenblick seiner Verherrlichung und seines Triumphes sein soll.

Inhalt

I. Von den Ursprüngen 9

1. Die Wüstenväter 9

Kap. XII, Frage 4, S.424 f. 9

2. Aus der Geschichte unserer Gründung… 11

Kap. XXII, Frage 5, S.564 f. 11

3. Der hl. Bernhard 15

Kap. XIX, Frage 5, S. 366 15

4. Über die Mönche von La Trappe und ihre Lebensführung 16

Kap. XXII, Frage 7, S. 597 f. 16

5. Ordnung des Klosterlebens und die Arbeit in La Trappe 19

Kap. XIX, Frage 11, S. 4o9 f. 19

6. Klöster und Observanzen: zeitbedingt und vergänglich! 20

Kap. XXII, Frage 5, S. 570 f. 20

II. VOM GEISTLICHEN STAND 23

7. Weltpriester und Mönche: Diener und Büßer 23

Kap. XII, Frage 21, S. 5o8 f. 23

8. Ablegung der Ordensgelübde 26

Kap. XXIII, Frage 2, S. 611 f. 26

9. Die Pflicht zur geistlichen Erbauung 27

Kap. XIX, Frage 7, S. 389 f. 27

10. Hingabe an Gott und Trennung von der Welt 29

Kap. XVI, Frage 23, S. 167-168 29

11. Ordensprofess und Trennung von der Familie 31

Kap. XVI, Frage 28, S. 186 ff. 31

12. Ordensprofess als mystischer Tod 35

Kap. XVI, Frage 28, S. 192 35

13. Die Verpflichtungen des Ordensgelübdes 36

Kap. XXIII, Frage 2, S. 616 f. 36

14. Heiligkeit in den nicht geregelten Observanzen 38

Kap. XXIII, Frage 5, S. 636 f. 38

15. Erleichterungen und Vollkommenheit 39

Kap. XXIII, Frage 6, S. 640 f. 39

16. Mönche, diese unnützen Wesen! 41

Kap. XIX, Frage 6, S. 377 ff. 41

17. Leben wie die Heiligen 44

Kap. XXIII, Frage 7, S. 656 ff. 44

18. Charakterschwächen und Einsamkeit 46

Kap. XVII, Frage 1, S. 196 f. 46

19. Mittel und Wege zur Vollkommenheit der Mönche. 48

Kap. VI, S.144 48

III. NÄCHSTENLIEBE UND BRÜDERLICHES LEBEN 51

20. Man betet Gott nur an, wenn man ihn liebt. 51

Kap. VII, Frage 2, S. 177 ff. 51

21. Du sollst den Herrn deinen Gott lieben. (1) 53

Kap. VII, Frage 1, S. 153 ff. 53

22. Du sollst den Herrn deinen Gott lieben. (2) 54

Kap. VII, Frage 2, S.173 ff. 54

23. Die Caritas der Mönche (1) 56

Kap. X, Frage 1, S. 315 ff. 56

24. Die Caritas der Mönche (2) 58

Kap. X, Frage 1, S. 317 ff. 58

25. Gottesliebe und Dankbarkeit 59

Kap. VII, Frage 1, S. 162 59

26. Von der Pflicht zum Gebet für die Mitbrüder 61

Kap. X, Frage 3, S. 322 ff. 61

27. Gebet und Einheit der Ordensbrüder 62

Kap. X, Frage 3, S. 326/7 62

28. Von den Pflichten zur Liebe den Mitbrüdern gegenüber 63

Kap. 10, Frage 4, S. 327 ff. 63

29. Caritas und Kommunität 65

Kap. X, Frage 5, S. 331ff. 65

30. Leben in der Kommunität, Paradies, Einöde ... 67

Kap. XVI, Frage 24, S. 171 ff. ... 67

31. Die Rangordnung der Caritas (Gottes- und Elternliebe) ... 69

Kap. XVI, Frage 13, S. 90-91 ... 69

Kap. XVI, Frage 14, S. 96-97: ... 70

Kap. XVI, Frage 17, S. 130 ff. ... 72

Kap. XVI, Frage 21, S. 145 ff. ... 72

32. Von der Freundschaft ... 75

Kap. X, Frage 9, S. 352 ff. ... 75

33. Über die Kapitelsitzungen ... 77

Kap. XVII, Frage 3, S. 215 ff. ... 77

IV. LEBEN UNTER EINER REGEL UND EINEM ABT ... 80

34. Von den Äbten ... 80

Kap. VIII, Frage 5, S. 218 ... 80

35. Der Ordensobere ... 81

Kap. IX, Frage 2, S. 254 ff. ... 81

36. Die Pflicht des Abtes, für seine Anvertrauten zu beten. ... 83

Kap. IX, Frage 13, S. 305 ff. ... 83

37. Über die Caritas und Pflichten der Äbte ... 85

Kap. IX, Frage 1, S. 249 ff. ... 85

38. Der Abt als leibhaftige Ordensregel? ... 88

Kap. XXIII, Frage 2, S. 604 f. ... 88

39. Vorschriften und Befreiungen: vom rechten Gebrauch der Ordensregel 89

Kap. VIII, Frage 7, S. 231 ff. 89

40. Obere und Leben in Einsamkeit 90

Kap. XVI, Frage 25, S. 175 f. 90

41. Vertrauen in den Oberen (1) 92

Kap. VIII, Frage 3, S. 207 f. 92

42. Vertrauen in den Oberen (2) 93

Kap. VIII, Frage 1, S. 198 f. 93

43. Kennt der Gehorsam keine Grenzen? 95

Kap. XXIII, Frage 3, S. 620 f. 95

44. Von Schutzbehauptungen und Lügen 96

Kap. XII, Fragen 22 bis 24, S. 514 ff. 96

V. ASKESE UND OBSERVANZEN 100

45. Gründe dafür, Buße zu tun 100

Kap. XVIII, Frage 6, S. 280 ff. 100

46. Über die Zerknirschung des Herzens 105

Kap. XIII, Frage 2, S. 549 ff. 105

Kap. XV, Frage 1, S. 585 106

Kap. XV, Frage 1, S. 584 106

47. Von den Tröstungen 107

Kap. XVI, Frage 5, S. 29 ff. 107

48. Verzicht auf irdische Güter: Loslösung und Indifferenz 108
Kap. XVI, Frage 8,S. 52 ff. 108

49. Asketische Lebensformen und Frömmigkeit: Enthaltsamkeit, Armut und Gehorsam 109
Kap. XVIII, Frage 7, S. 293 ff. 109

50. Buße und Nachahmung Jesu Christi 112
Kap. XXII, Frage 7, S. 594 112

51. Cîteaux und die körperliche Arbeit 115
Kap. XIX, Frage 1, S. 335 115
Frage 2, S. 344 f. 116

52. Von der Handarbeit (1) 117
Kap. XIX, Frage 1, S. 313 f. 117

53. Von der Handarbeit (2) 118
Kap. XIX, Frage 9, S. 396 f. 118
Frage 10, S. 398 f. 119

54. Warum eigentlich arbeiten? 120
Kap. XIX, Frage 2, S.340 f. 120

55. Körperliche Arbeit, Leben in der Nachfolge der Apostel 123
Kap. XIX, Frage 2, S. 348 123

56. Arbeit und Demut 124
Kap. XIX, Frage 2, S. 350 f. 124

57. Arbeit, unabhängig von Besitzlosigkeit 126
Kap.XIX, Frage 3, S. 352-353 126

58. Womit sich Mönche beschäftigen sollen **127**

Kap. XIX, Frage 4, S. 354 127

Kap. XIX, Frage 5, S. 358 f. 130

59. Über die geistliche Lesung **131**

Kap. XIX, Frage 5, S. 360 f. 131

60. Geistliche Lesung und Studium **133**

Kap. XIX, Frage 5, S.361 f. 133

61. Über die äußere Buße **135**

Kap. XVI, Frage 1, S. 1 f. 135

62. Vom Wachen **136**

Kap. XX, Frage 1, S. 411 f. 136

63. Der hl. Benedikt und die Nachtwachen **139**

Kap. XX, Frage 2, S. 418 f. 139

VI. ARMUT **141**

64. Armut und Vollkommenheit **141**

Kap. V, Frage 6, S. 116 141

65. Von der Art, die Armut zu praktizieren **142**

Kap. XXI, Frage 1, S. 421 f. 142

66. Dürfen Ordensleute Erwerbe tätigen? **144**

Kap. XXI, Frage 7, S. 467 f. 144

67. Sollen Mönche große Almosen geben? **145**

Kap. XXI, Frage 4, S. 437 f. 145

68. Kann man von Postulanten Geld verlangen? 147
Kap. XXI, Frage 8, S. 476 f. 147
Frage 9, S. 479 f. 148
Frage 10, S. 505 149

69. Von Geld und der Annahme der Berufung 149
XXi Frage 18 S. 521 149

70. Die Selbstaufgabe des Jesus Christus Geweihten 150
Kap. XXI, Frage 5, S. 453 f. 150

VII. ÜBER DIE KRANKHEITEN UND DEN TOD 152

71. Welche Grundeinstellung soll ein Ordensbruder in der Krankheit besitzen? 152
Kap. XXII, Frage 1, S. 524 - 525 152

72. Der kranke Mönch und die Nachfolge Christi 153
Kap. XXII, Frage 3, S. 549 f. 153

73. Wenn ein Ordensbruder krank ist (1) 154
Kap. XXII, Frage 2, S. 525 f. 154

74. Wenn ein Ordensbruder krank ist (2) 156
Kap. XXII, Frage 3, S. 545 f.) 156

75. Der Obere und die Kranken 158
Kap. XXII, Frage 4, S. 553 f. 158

76. Muss man strenge Übungen auf sich nehmen, die das Leben vielleicht verkürzen? 160
Kap. XXII, Frage 6, S. 572 f. 160

(Frage 6, S. 601) 163

77. Über die innere Einstellung, die man in Krankheiten haben muss 164

Kap. XXII, Frage 4, S. 556 f. 164

78. Vom Nachdenken über den Tod 165

Kap. XIII, Frage 1, S. 531 f. (?) 165

79. Der Blick auf den Tod 168

Kap. XXII, Frage 3, S. 551 f. 168

80. Tod und ewiges Leben 170

Kap. XIII, Frage 2, S. 547 f. 170

Kap	**TOME I**	**Band I**	ISBN
I	Chapitre Premier	Erstes Kapitel	folgt
II	De l'institution de la vie Monastique	Ordensleben als Institution	folgt
III	De l'origine de la vie Solitaire	Ursprung des Eremitenlebens	folgt
IV	Des differentes manières de vie qui se sont formées parmi les anciens Solitaires	Verschiedene Lebensweisen, die sich unter den frühen Einsiedlern bildeten	folgt
V	De l'Essence et de la perfection de la vie Coenobitique	Wesen und Vollkommenheit des Zönobitenlebens	folgt
VI	Des principaux moyens par lesquels les Religieux peuvent s'elever à la perfection de leur état	Verschiedene Mittel für Ordensleute, sich in ihrem Stand zu vervollkommnen	folgt
VII	De l'amour de Dieu	Liebe zu Gott	folgt
VIII	De l'amour et de la confiance des Superieurs	Liebe und Vertrauen der Oberen	folgt
IX	De la Charité et des devoirs des Superieurs	Nächstenliebe und Pflichten der Oberen	folgt
X	De la Charité que les Religieux doivent avoir les uns pour les autres	Nächstenliebe der Ordensleute untereinander	folgt
XI	De la Prière	Beten	folgt
XII	De la Penitence./ Des Humiliations	Buße. /Demütigung	folgt
XIII	De la Meditation de la Mort	Betrachtung des Todes	folgt
XIV	Des Jugements de Dieu	Gottesurteile	folgt
XV	De la Componction	Zerknirschung	folgt
	TOME II	**Band II**	
XVI	De la Retraite	-	978-3-8416-0028-8
XVI	-	Zurückgezogenheit	978-3-8416-0029-5
XVI	De la Retraite	Zurückgezogenheit	978-3-8416-0030-1
XVII und XVIII	Du Silence / De l'abstinence et de l'austerité dans la nourriture	Stillschweigen/ Enthaltsamkeit und Mäßigung bei der Nahrung	978-3-8416-0112-4
XIX	Du travail des mains	Handarbeit	978-3-8416-0211-4
XX und XXI	Des Veilles / De la Pauvreté	Nachtwachen / Armut	978-3-8416-0272-5
XXII und XXIII	De la Patience dans les infirmitez et les maladies / Des Mitigations	Geduld bei Siechtum und Krankheiten / Milderung	978-3-8416-0310-4

In den obigen Tabellen ist die fertige und die geplante Edition des Gesamtwerkes schematisch dargestellt. Titel mit ISBN sind bereits erschienen, die anderen in Vorbereitung.

Wie der zweite, wird auch der erste Band kapitelweise publiziert und später als Gesamtband herausgegeben.

Die folgende Tabelle zeigt Sammelwerke mit wesentlichen Text-Auszügen. aus dem Gesamtwerk. Sie sollen den Zugang erleichtern.

Sammelbände			
1. Auflage	Oraison /Über das Beten,	frz-dt.	978-3-8416-0025-7
2. Auflage	Oraison	Über das Beten, frz-dt.	
2. Auflage	Über das Beten	nur deutsch	
2. Auflage	Oraison	nur französisch	
1. Auflage	Auswahltexte aus SDVM Französich-Deutsch		978-3-8416-0341-8
1. Auflage	Auswahltexte aus SDVM nur Deutsch (dieser Band)		
1. Auflage	Auswahltexte aus SDVM nur Französich		
1. Auflage	De la Sainteté..../ Über die Heiligkeit .... Band 2 Kapitel 16-23 komplett, Franz./Deutsch		978-3-8416-0111-7
1. Auflage	Über die Heiligkeit und die Pflichten .... Band 2 Kapitel 16-23 komplett, nur Deutsch		
1. Auflage	De la Sainteté et des Devoirs de la vie... Band 2 – alle Kap 16-23 komplett, nur Französisch		

MIX
Papier aus verantwortungsvollen Quellen
Paper from responsible sources
FSC® C105338

Printed by Books on Demand GmbH, Norderstedt / Germany